장은옥의 플로리스트를 위한
절지 & 절엽 이야기

장은옥 AIFD, CFD

농학박사

대한민국 화훼장식기능경기 대회 대상 노동부장관상 수상
아파트 발코니 조경시공 및 디자인공모전 건설교통부장관상 수상
경기도기능경기 대회 은메달
월드컵 16강 진출 기원 상품공모전 특별상

AIFD(The American Institute of Floral Designers) 정회원
WAfA(World Association of Floral Arranger) 정회원
한국화훼장식기사협회 부회장
America Fiesta Roses Parade 2003 Designer
Nippon Flower Design Award 2004 한국대표
"WAFA-World Flower Show in Yokohama, Japan 한국대표
AIFD Symposium 2012 Live at 3 한국대표
국가기술자격 화훼장식기능사 , 기사 심사위원 및 감독위원

Junior Master Gardener Specialist

저서
잘나가는 꽃집 잘나가는 꽃상품
화훼장식기능사 필기
화훼장식기능사 필기시험 총정리
The Floral Style
화훼장식기능사 실기
화훼장식기사 총정리
Living Flower
Wedding Flower
손쉽게 꾸미는 그린인테리어
202식물도감 - 야생화, 꽃이 예쁜식물 , 잎이 예쁜식물 , 나무 (전 4권)
백합으로 만드는 꽃 상품
그림으로 나는 풀꽃이야기 1, 2 (전 2권)
그림으로 만나는 나무이야기
화훼장식문화사
장은옥의 플라워 브런치
장은옥의 겟 잇 플라워 외 다수

장은옥의
플로리스트를 위한
절지 & 절엽 이야기

수풀미디어

장은옥의
플로리스트를 위한
절지 & 절엽 이야기

2023년 8월 25일 1판 3쇄 개정인쇄

지은이   장은옥 Rhea, Jang eunok

펴낸곳   수풀미디어
주 소   서울시 서초구 강남대로 27, 양재화훼공판장 91-06
전 화   02-743-0258
팩 스   02-6008-6025
등 록   2006년 8월 13일 제 382-2007-12호
출판사 홈페이지   www.spbooks.co.kr
ISBN   978-89-94177-21-2   06520

정가 25,000원

이 책을 만든 사람들
기획·진행 수풀미디어 기획팀 / 사진 윤동준 / 표지·편집 애플

Copyright ⓒ 2023 by SooPool Media Publishing Co.
All rights reserved. First Edition Printed 2023. Printed in South Korea.

이 책의 어느 부분도 저작권자나 수풀미디어 발행인의 승인 문서 없이 일부 또는 전부를 사진 복사나 디스크 복사 및 기타 정보 재생
시스템을 비롯하여 현재 알려지거나 향후 발명되는 어떤 전기적, 기계적 또는 다른 수단을 통해 복사, 재생하거나 이용할 수 없습니다.

*이 도서의 국립중앙도서관 출판시도서목록(CIP)은 서지정보유통지원시스템 홈페이지(http://seoji.nl.go.kr)와
국가자료공동목록시스템(http://www.nl.go.kr/kolisnet)에서 이용하실 수 있습니다. (CIP제어번호 2014004704)

장은옥의
플로리스트를 위한
절지 & 절엽 이야기

Sejong the Great, the inventor of invaluable Korean alphabet 'Hangul', writes the purpose of his creation of Hangul as following in the preface of Hunminjeongum, The Correct/Proper Sounds for the Instruction of the People:

⟨Because the speech of this country is different from that of China, it [the spoken language] does not match the [Chinese] letters. Therefore, even if the ignorant want to communicate, many of them in the end cannot state their concerns. Saddened by this, I have [had] 28 letters newly made. It is my wish that all the people may easily learn these letters and that [they] be convenient for daily use.⟩

Although I cannot dare to compare this work with hangul, which is one of the greatest inventions of the Korean history, my motivation of writing this book is not very much different from that of Sejong's will asserted above.

The illustrated guides currently in the market are either the translated version of the foreign authors or limited to the wild flowers, trees or common flowers if they are written by Korean authors. Therefore, it is hard to find the information on the cut-flowers, cut-leaves or cut-branches sold in Korean market. Since cut-flowers or cut-leaves are removed off of their roots, they have entirely different physiological characteristic from other plants, and need proper management accordingly. Also, the species distributed as the cut-flower have more heterogeneity among one another than the flower bed plants or wild flowers in terms of the breed and shape. Furthermore, some of them are distributed with specific parts removed, which makes it even harder to refer to the general plant guide for the difficulty in classification.

This guide enables reader to grasp the information on the cut-flowers, cut-leaves and cut-branches found in Korean market more easily; the information includes the plants' longevity, color, size and dry/fresh information. All the pictures used are prepared to present both the whole and part of the each of the plant body well. I have working on this guide since 2008, so I have walk through quite a long road to finalize this. I used to wait for the following year to come not having all the pictures required for that specific season, or finding the quality of some pictures are not good enough. I had to rework on some of my drafts due to changing market trend. I have to admit that sometimes, such situation made me frustrated, but now I believe it became very good fertilizer for this book to bloom more beautifully.

I wish my time and efforts make this work as indigenous to Korean market is rewarded by being used as an essential guide for more of the florists. Also, I hope my work could be a small but valuable contribution to the field of flower design.

Eunok Jang, Author

CONTENTS

이 책의 구성
잎 & 나무의 형태로 찾아보기
과별로 찾아보기
절지 & 절엽 1~186
이름으로 찾아보기
학명으로 찾아보기
영명으로 찾아보기

이 책의 구성

02

식물명
현재 사용하고 있는 이름들 중 권장하고 있는 이름을 표기하였습니다.

학명
전 세계 공통적으로 사용되는 이름입니다.
라틴어로 표기하였습니다.

● 페이요아
Acca sellowiana
(Syn.: *Feijoa sellowiana*)

동의어 이명을 표기하였습니다.

본래 '페이요아_Feijoa 속'으로 부르던 것이었지만 지금은 이명처리 되었으나 예전의 이름인 페이요아를 지금까지 사용하고 있다.

Color Name

 light Green
grayish Green
strong Green
dark Green
Spotted
Bicolor
Tricolor

White
Cream
Yellow
Green
dark Purple
Purple
Pink
Magenta
Red
Burgundy
Orange
Bicolor
Gray
Peach
Brown
Black

View Part

 꽃   잎   열매   전체   줄기

관상부위
관상부위에 해당하는 아이콘은 진한 회색으로 활성화 하였고 해당하지 않는 부분은 밝은 회색으로 비활성화 하였습니다.

잎 & 나무 형태로 찾아보기

01 금식나무

02 꽈리

03 노랑혹가지

04 호박화초가지

05 화초고추

06 먼나무

07 미국낙상홍

08 호랑가시나무

09 석위

10 루모라고사리

11 백묘국

12 스토에베

13 털머위

14 굴거리나무

15 아스플레니움

16 치자나무

17 램스이어

18 로즈마리

19 삼나무

20 금테사철나무

 21 노박덩굴
 22 탑사철나무
 23 화살나무
 24 까마귀쪽나무

 25 생강나무
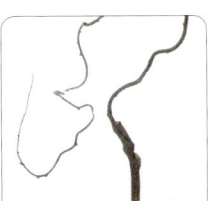 26 다래나무
 27 담팔수
 28 설악초

 29 크로톤
 30 피마자
 31 네프롤레피스
 32 병솔나무

 33 유칼립투스
 34 페이요아
 35 돈나무(피토스포룸)
 36 이탈리안 피토스포룸

 37 갤럭스 잎
 38 송악
 39 쉐플레라 홍콩
 40 아이비

41 오갈피

42 팔손이

43 엘레기아

44 칼라데아 마코야나

45 칼라데아 란시폴리아

46 좀작살나무

47 남천

48 뿔남천

49 베어그라스

50 백목련

51 태산목

52 라일락

53 개나리

54 광나무

55 목서

56 이탈리아 자스민

57 쥐똥나무

58 황금무늬 왕쥐똥나무

59 색동호박

60 풍선박주가리

61 버들

62 갯버들

63 능수버들

64 석화버들

65 용버들

66 무늬버들

67 헤우케라

68 베고니아 마소니아나

69 강아지풀

70 기장

71 단수수

72 보리

73 옥수수

74 라티폴리움

75 조

76 파니쿰

77 부들

78 쿠페아

79 네오마리카

80 왕골

81 참당귀

82 석송

83 소나무

84 일본잎갈나무

85 멕시코소철

86 소철

87 속새

88 고광나무

89 연밥

90 시계초덩굴

91 꽃양배추

92 다닥냉이

93 말냉이

94 루나리아

95 유채

96 루스쿠스

97 이탈리안 루스쿠스

98 맥문아재비

99 무늬둥굴레

100 스마일락스

101 아스파라거스 메리이

102 아스파라거스 미리오클라투스

103 아스파라거스 비르가투스

104 아스파라거스 세타세우스

105 아스파라거스 스프렌게리

106 엽란

107 옥잠화 잎

108 층층둥굴레

109 드라세나 고드세피아나

110 드라세나 레인보우

111 드라세나 리플렉사

112 드라세나 산데리아나

113 드라세나 와네키

114 산세베리아

115 코르딜리네

116 코르딜리네 레드에지

117 코르딜리네 엑소티카

118 목화

119 공작야자

120 당종려

121 아레카야자

122 테이블야자

123 안개나무

124 으름덩굴

125 심포리카르포스

126 산호수

127 자금우

128 미국자리공

129 오리나무

130 스틸그라스

131 다정큼나무

132 마가목

133 배나무

134 복사나무

135 비파나무

136 산당화

137 쉬땅나무

138 앵두나무

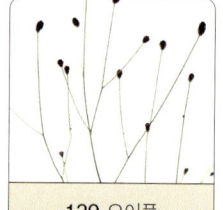
139 오이풀

140 옥매

 141 왕벚나무	 142 조팝나무	 143 만첩조팝나무	 144 공조팝나무
 145 꼬리조팝나무	 146 찔레꽃나무	 147 피라칸타	 148 홍가시나무
 149 잎새란	 150 비자나무	 151 로즈제라늄	 152 레몬잎
 153 연산홍	 154 정금나무	 155 철쭉	 156 동백나무
 157 사스레피나무	 158 너도밤나무	 159 신갈나무	 160 무늬 석창포

161 디펜바키아

162 디펜바키아 아모에나

163 몬스테라

164 스파티필룸

165 안스리움

166 알로카시아 아마조니카

167 필로덴드론 셀로움

168 필로덴드론 자나두

169 청미래덩굴

170 스쿠아로사 화백

171 카이즈카향나무

172 편백

173 황금 둥근측백

174 산수유

175 층층나무

176 노랑말채나무

177 흰말채나무

178 은엽아카시아

179 편두

180 수염틸란드시아

 181 파인애플

 182 삼지닥나무

 183 우산고사리

 184 실버 류카덴드론

 185 러브체인

 186 협죽도

과별로 찾아보기

1998년 속씨식물 계통분류 그룹에 의해 발표된 APG 분류 체계는 전체적 기반과 동시에 유전자 3개의 DNA 서열의 계통적 분석 및 현존하는 증거에 기반을 두고 있다. 이 분류 체계는 기존의 과들을 분리하고 또 다른 과들은 타 그룹에 포함시키기도 하여 다소 논쟁적인 부분이 있다. 그러나 이 분류 체계는 2003년에 APG II로, 다시 2009년 APG III로 계승되었으며, 2009년 10월, 린네 학회의 회원들은 APG III 분류 체계와 부합하는 모든 공식적인 계통학적 분류를 제안하였다. APG III 분류 체계는 속씨식물을 분류하는 근대적 식물 분류 체계 중 하나이며, 이 책에서는 이 분류법을 기준으로 '과'와 '속'을 표기하였음을 밝혀둔다.

가리야과 Garryaceae 01
가지과 Solanaceae 02~05
감탕나무과 Aquifoliaceae 06~08
고란초과 Polypodiaceae 09
고사리과 Elaphoglossaceae 10
국화과 Asteraceae 11~13
굴거리나무과 Daphniphyllaceae 14
꼬리고사리과 Aspleniaceae 15
꼭두서니과 Rubiaceae 16
꿀풀과 Lamiaceae 17~18
낙우송과 Cupressaceae 19
노박덩굴과 Celastraceae 20~23
녹나무과 Lauraceae 24~25
다래나무과 Actinidiaceae 26
담팔수과 Elaeocarpaceae 27
대극과 Euphorbiaceae 28~30
덩굴고사리과 Lomariopsidaceae 31
도금양과 Myrtaceae 32~34
돈나무과 Pittosporaceae 35~36
돌매화나무과 Diapensiaceae 37
두릅나무과 Araliaceae 38~42
레스티오과 Restionaceae 43
마란타과 Marantaceae 44~45
마편초과 Verbenaceae 46
매자나무과 Berberidaceae 47~48

멜란디움과 Melanthiaceae 49
목련과 Magnoliaceae 50~51
물푸레나무과 Oleaceae 52~58
박과 Cucurbitaceae 59
박주가리아과 Asclepiadoideae 60
버드나무과 Salicaceae 61~66
범의귀과 Saxifragaceae 67
베고니아과 Begoniaceae 68
벼과 Poaceae 69~76
부들과 Typhaceae 77
부처꽃과 Lythraceae 78
붓꽃과 Iridaceae 79
사초과 Cyperaceae 80
산형과 Apiaceae 81
석송과 Lycopodiaceae 82
소나무과 Pinaceae 83~84
소철과 Zamiaceae 85~86
속새과 Equisetaceae 87
수국과 Hydrangeaceae 88
수련과 Nelumbonaceae 89
시계꽃과 Passifloraceae 90
십자화과 Brassicaceae 91~95
아스파라가스과 Asparagaceae 96~117
아욱과 Malvaceae 118
야자나무과 Arecaceae 119~122

옻나무과 Anacardiaceae 123
으름덩굴과 Lardizabalaceae 124
인동과 Caprifoliacea 125
자금우과 Myrsinaceae 126~127
자리공과 Phytolaccaceae 128
자작나무과 Betulaceae 129
잔토로이아과 Xanthorrhoeaceae 130
장미과 Rosaceae 131~148
젠트로이아과 Xanthorrhoeaceae 149
주목과 Taxaceae 150
쥐손이풀과 Geraniaceae 151
진달래과 Ericaceae 152~155
차나무과 Theaceae 156~157
참나무과 Fagaceae 158~159
창포과 Acoraceae 160
천남성과 Araceae 161~168
청미래덩굴과 Smilacaceae 169
측백나무과 Cupressaceae 170~173
층층나무과 Cornaceae 174~177
콩과 Fabaceae 178~179
파인애플과 Bromeliaceae 180~181
팥꽃나무과 Thymelaeaceae 182
풀고사리과 Gleicheniaceae 183
프로테아과 Proteaceae 184
협죽도과 Apocynaceae 185~186

01 금식나무
Aucuba japonica for. *variegata*

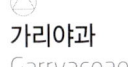
가리야과
Garryaceae

영명
gold dust plant, spotted laurel

다른이름
얼룩식나무, 넙적나무

금식나무는 식나무의 품종으로 식나무와는 다르게 잎 전체에 노란색의 선명한 점무늬가 있다. 예전에는 부케를 만들 때 잎을 하나씩 잘라 많이 사용하였으나 최근에는 부케 재료용으로는 잘 사용하지 않는다. 금식나무는 줄기에 비해 잎이 지나치게 많이 달려 있기 때문에 물올림이 좋지 않은 편이며, 물올림 후에 쉽게 탈수현상을 겪는다. 줄기는 자주 잘라주고 불필요한 잎은 제거해 주는 것이 좋다.

80~120 cm

4~7 days

3~4 stems

02 | 꽈리
Physalis alkekengi

가지과
Solanaceae

영명
Chinese lantern, bladder cherry

다른이름
등롱초, 홍고랑

초롱처럼 생긴 주머니가 달린 꽈리는 초록색 상태부터 유통되기 시작하여 주황색으로 열매가 익은 후에도 시중에 유통된다. 완전히 주황색으로 변한 후에는 건조하여 사용하기도 하며, 열매의 형태가 아름다워 다양한 디자인에 사용된다.

60~80 cm

7~14 days

1 bunch

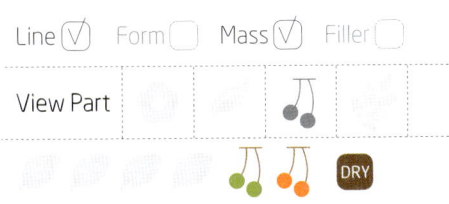

03 노랑혹가지
Solanum mammosum

가지과
Solanaceae

영명
fox face, titty fruit

다른이름
여우 가지, 여우 얼굴

노란색의 열매가 마치 여우의 얼굴처럼 보이며, 시중에서 유통될 때는 잎 없이 줄기에 열매만 달린 상태로 판매된다. 색상의 채도가 매우 높고 크기도 크기 때문에 다른 소재와 함께 사용할 때는 주의가 필요하다. 열매가 물에 닿으면 물에 닿는 부분에 쉽게 곰팡이가 생기므로 물올림에 주의해야 하며, 물에 담그지 않고 보관해도 수명이 매우 길게 유지된다.

70~90 cm

10~14 days

2~3 stems

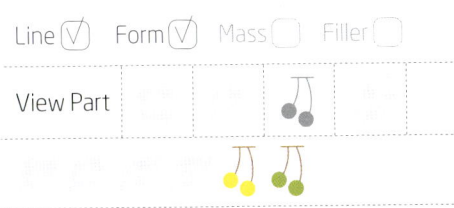

04 호박화초가지
Solanum aethiopicum

가지과
Solanaceae

영명
ethiopian eggplant, mock tomato

다른이름
꽃가지, 화초토마토

열매의 형태가 토마토와 비슷하게 생겨 시중에서는 화초토마토라 부르기도 하는데, 크기는 토마토보다 작고 단단한 상태에서 유통된다. 그러나 실제로는 토마토보다 가지에 가깝다. 열매에 수분 함량이 많아 쉽게 부패되므로 열매가 달린 상태로 유통되는 다른 절지류에 비해 수명이 다소 짧은 편이다. 오히려 물에 담그지 않고 보관하면 부패를 막을 수 있다. 그러나 탈수로 인하여 열매의 탄성은 다소 떨어진다.

80~120 cm

7~10 days

2~3 stems

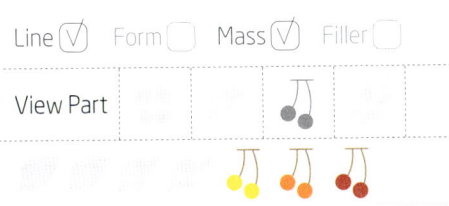

05 화초고추
Capsicum annuum

가지과
Solanaceae

영명
capsicum pepper, chili peppe

다른이름
꽃고추, 하늘고추

식용하는 고추보다 작은 크기의 열매가 줄기를 따라 많이 붙어 있으며, 품종에 따라 고추의 형태가 둥근 것과 가늘고 긴 것 등 다양한 형태와 색상이 유통된다. 식용하는 고추는 아래를 향해 열매가 달리지만 관상용은 대부분 하늘을 향해 열매가 달려 '하늘고추'라 부르기도 한다.

40~80 cm

7~14 days

1 bunch

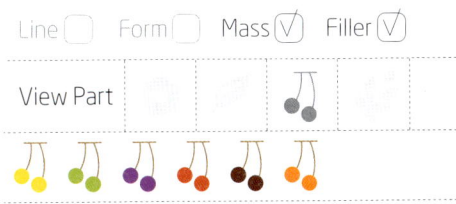

06 먼나무
Ilex rotunda

 **감탕나무과**
Aquifoliaceae

 영명
rotunda holly, kurogane holly

 다른이름
멋나무

우리나라의 남쪽에서 자라는 나무로 붉고 작은 열매가 줄기에 다닥다닥 붙어있어 매우 아름답다. 그러나 잎의 물올림이 어렵고 열매도 쉽게 검은색으로 변하므로 수명이 그다지 길지 않은 편이다. 물에 담그지 않은 상태로 보관해도 물에 담근 것에 비해 형태의 변화는 적어 절화시장에서는 대부분 물 없이 유통되고 있다.

40~70 cm

5~7 days

1~2 stems

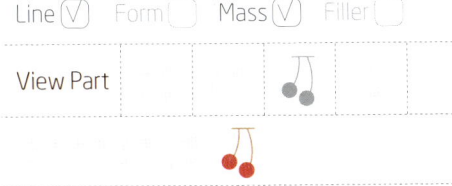

07 미국낙상홍
Ilex verticillata

감탕나무과
Aquifoliaceae

영명
winterberry, brook alder

다른이름
낙산홍(잘못 부르는 이름)

붉은 열매가 매우 아름다운 낙상홍은 보통 잎이 제거된 상태로 유통된다. 붉은 열매가 서리가 내릴 때까지도 유지되어 '낙상홍_落霜紅'이라 부르며, 낙상홍에 비해 미국낙상홍은 열매가 좀 더 많이 달리는 편이다. 수분 스트레스가 심하면 열매가 떨어진다.

60~80 cm

7~10 days

2~3 stems

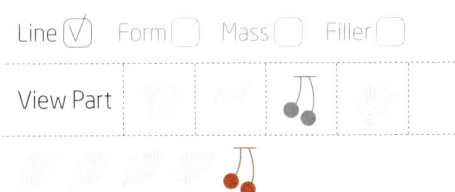

08　호랑가시나무
Ilex cornuta

감탕나무과
Aquifoliaceae

영명
Chinese holly, horned holly

다른이름
묘아자나무, 호랑이가시나무

잎의 가장자리가 뾰족하게 굴곡이 있으며, 형태가 독특하다. 크리스마스에 특히 많이 사용되며, 녹색의 상태 그대로 유통되기도 하지만 페인트나 반짝거리는 액세서리를 함께 붙여 판매하기도 한다. 자연 상태의 것은 약 일주일 정도 뒤에는 탈수현상으로 잎이 일시에 떨어지기도 하므로 물 관리에 특히 주의해야 한다.

80~100 cm

5~7 days

3~5 stems

09 석위
Pyrrosia lingua

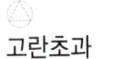
고란초과
Polypodiaceae

영명
tongue fern, Japanese felt fern

다른이름
일엽

잎의 색상이나 형태가 매우 독특하며, 앞면과 뒷면의 색이 전혀 다르다. 어린 순일 때는 앞과 뒷면이 비교적 비슷한 녹색을 띠지만 시간이 지날수록 앞뒤의 색상 차가 심해진다. 건조되면 나선형으로 잎이 말리므로 수분공급에 특히 주의하도록 해야 한다.

20~40 cm

3~5 days

5&10 stems

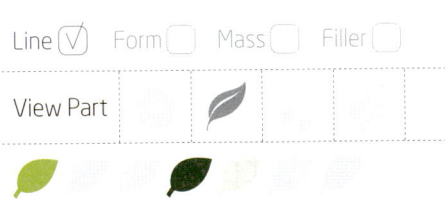

10 루모라고사리
Rumohra adiantiformis

고사리과
Elaphoglossaceae

영명
leatherleaf fern

다른이름
레자황. 노무라(잘못 부르는 이름)

시중에서는 '노무라'라는 이름으로 유통되고 있으나 이것은 '루모라_Rumohra'의 잘못된 표기이다. 선명한 녹색의 잎은 전형적인 고사리류의 형태를 이루고 있으며, 꽃은 피지 않고 잎 뒷면의 포자로 번식한다. 루모라 고사리는 수분관리에 따라 수명의 차이가 심하다. 물통에 꽂은 후 전체를 OPP 등으로 감싸 증산·탈수를 줄여주는 것이 좋다.

20~30 cm

4~7 days

7~10 stems

11 백묘국
Jacobaea maritima
(Syn.: *Senecio cineraria*)

백묘국_Jacobaea maritima은 원래 'Senecio 속'이었으나 'Jacobaea 속'으로 재분류 되었다.

국화과
Asteraceae

영명
dusty miller, silver ragwort

다른이름
세네시오, 설국, 더스티 밀러

백묘국은 전체가 은회색을 띠어 식물에서는 보기 어려운 색을 가지고 있다. 화단에서는 잎과 꽃을 관상하지만 꽃꽂이용은 잎이 주 관상부위로 취급된다. 잎의 색상과 질감이 매우 아름다우며 다른 컬러와 쉽게 조화를 이룬다. 줄기에 많은 잎이 한꺼번에 달려 있어 쉽게 탈수 현상을 겪는데, 수분관리가 잘못되면 잎이 아래로 늘어져 잘 회복되지 않으므로 물올림에 주의하도록 하고 물올림 후에도 습도가 충분히 유지되는 시원한 장소에 보관하는 것이 좋다.

20~30 cm

3~5 days

3~4 stems

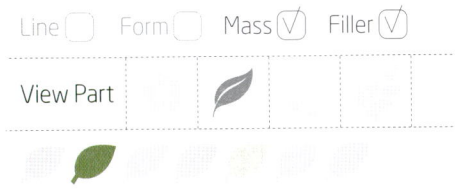

12 스토에베
Stoebe plumosa

국화과
Asteraceae

영명
stoebe

다른이름
스토에베

작은 잎들이 촘촘하게 줄기에 붙어 있어 전체가 꼬리처럼 보이는 식물로 은회색이 매우 아름답다. 그러나 수분관리가 좋지 않을 경우 잎들이 순식간에 떨어지기도 하므로 건조한 환경이나 수분 스트레스에 주의하여야 한다.

30~50 cm

4~7 days

1 bunch

13 털머위
Farfugium japonicum

국화과
Asteraceae

영명
leopard plant

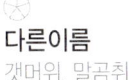
다른이름
갯머위, 말곰취

우리나라의 남부지역에서 분포하고 있는 식물로 잎은 자루가 길고 앞면은 광택이 있는 선명한 녹색이지만 뒷면은 광택이 없고 황갈색 털로 덮여 있다. 절화시장에서는 꽃 없이 잎만 잘라 유통되는데, 판매되는 기간은 길지 않다. 잎은 수분이 많아 물에 잠기면 쉽게 부패하므로 물 관리에 주의해야 한다.

20~40cm

4~7 days

5~10 stems

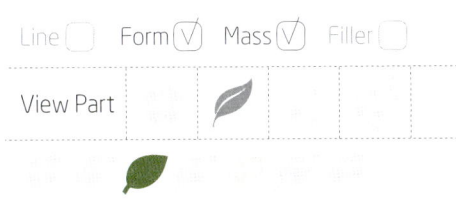

14 굴거리나무
Daphniphyllum macropodum

굴거리나무과
Daphniphyllaceae

영명
macropodous daphniphyllum

다른이름
굴거리, 만병초, 청대동, 교양목

우리나라의 남쪽에서 자라는 나무로 잎은 비교적 크고 두꺼워 전체의 부피감이 큰 편이다. 잎은 약간의 광택이 있으며, 특별한 관리 없이도 긴 수명이 유지되는 식물이지만 새순이 나올 무렵에는 잎이 아래로 모두 늘어지기 때문에 관상가치가 다소 떨어진다

새 순이 나올 무렵의 굴거리나무

80~120 cm

10~14 days

2~3 stems

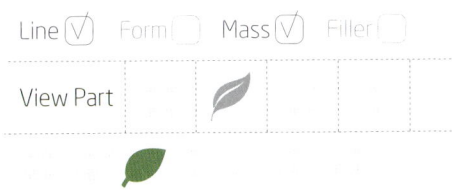

15 아스플레니움
Asplenium antiquum

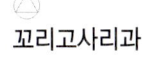
꼬리고사리과
Aspleniaceae

영명
bird's-nest fern

다른이름
대곡도, 파초일엽

잎은 밝은 연두색으로 넓고 약간의 광택이 있다. 잎의 가장자리는 구불구불한 굴곡이 있어 매우 독특한 형태를 이루며, 수명도 비교적 긴 편이다. 외국에서 수입되는 품종의 경우 간혹 100cm 정도의 크기도 유통되기도 한다.

30~80 cm

7~14 days

3~5 stems

Line ✓ Form ✓ Mass ☐ Filler ☐

View Part

16 치자나무
Gardenia jasminoides for. *grandiflora*

'치자_Gardenia'는 베트남, 중국, 대만 등지의 아시아 지역이 원산이며 18C 영국의 식물학자 John Ellis에 의하여 소개되었다. 지금은 매우 다양한 품종이 개발되어 재배되고 있다. 중국의 송왕조시대 (960-1279 AD)에 그려진 것으로 보이는 치자 꽃의 그림이 발견되기도 하였다.

꼭두서니과
Rubiaceae

영명
gardenia, cape jasmine

다른이름
월도, 목단

향기가 좋은 흰색이나 크림색의 꽃이 달리는 치자나무는 꽃이 달린 상태로 유통되거나 꽃이 진 후 열매가 달린 상태에서 유통된다. 꽃은 흰색이나 크림색으로 피어 성숙되면서 점차 노란색으로 변한다. 잎은 광택이 있으며, 꽃은 아름답고 향기가 좋지만 절지 상태에서는 잘 피지 않으므로 꽃이 필요하다면 구매할 때 꽃이 어느 정도 피어있는 것으로 구입하는 것이 좋다. 수명이 다하면 꽃은 떨어지지만 열매는 건조 가능하다.

60~80 cm

5~7 days

2~3 stems

17 램스이어
Stachys byzantina

꿀풀과
Lamiaceae

영명
lamb's ear

다른이름
양의 귀

둥글고 긴 잎의 표면에 미세한 털이 촘촘하게 나 있어서 마치 양의 귀처럼 보여 '램스이어'라 부른다. 전체의 색이 회색에 가까운 그린이면서 부드러운 질감으로 건조한 후에도 색이 거의 변하지 않는다. 그러나 물관리가 좋지 못할 경우 잎이나 줄기가 늘어지는 현상과 같은 급격한 탈수가 진행되므로 물올림에 주의하도록 해야 한다.

15~30 cm

4~7 days

3~5 stems

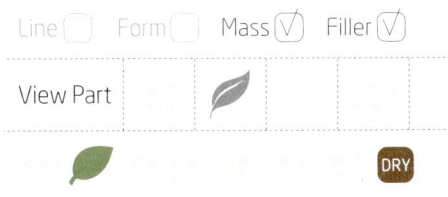

18 | 로즈마리
Rosmarinus officinalis

로즈마리_Rosmary는 라틴어의 이슬이나 신선함을 의미하는 'ros'와 바다를 의미하는 'marinus'의 합성어이다. 간혹 꽃을 의미하는 고대 그리스어에서 유래된 'anthos'로 부르기도 하였다.

꿀풀과
Lamiaceae

영명
rosemary

다른이름
로즈메리

줄기를 따라 작은 잎들이 촘촘하게 붙어있는 로즈마리는 향기가 매우 강한 허브식물이다. 보통 화분상태로 판매되지만 간혹 줄기 상태로 잘라져 유통되기도 한다. 살짝만 스쳐도 좋은 향기가 나기 때문에 디자인에 따라서는 매우 효과적으로 사용할 수 있다.

20~40 cm

5~7 days

10~15 stems

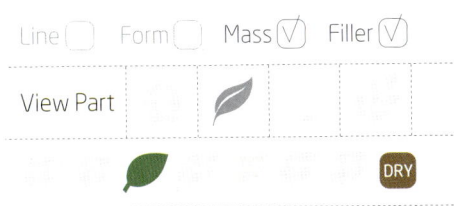

19 삼나무
Cryptomeria japonica

낙우송과
Cupressaceae

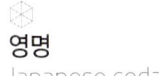
영명
Japanese cedar

다른이름
스키_すき(일본식 이름), 삼목

짧은 바늘처럼 생긴 잎들이 줄기에 촘촘하게 붙어 있는 일본 원산의 식물이다. 본래 크기가 매우 큰 나무이지만 줄기 상태로 잘라 꽃꽂이용으로도 유통되고 있다. 잎은 부피감이 있고 선명한 색상의 거친 질감을 가지고 있어 플로럴 디자인에 다양한 용도로 적용할 수 있다. 수분 스트레스가 적은 편이며, 특별히 관리하지 않아도 수명이 매우 긴 편이다.

80~100 cm

14~21 days

2~3 stems

20 금테사철나무
Euonymus japonica for. *aureo-marginata*

노박덩굴과
Celastraceae

영명
Japanese spindle

다른이름
금테무늬 사철나무, 금사철나무, 황금사철나무

사철나무 중에서 잎의 가장자리나 새순 부분이 선명한 노란색을 띠어 독특하다. 전체가 긴 선의 형태를 이루고 있어 '선_line'의 용도로 사용되기도 하지만 짧게 잘라 디자인에서 메꾸는 용도로 사용하여도 좋다. 겨울철에는 2주 가까이 신선도를 유지할 수 있지만 봄철에는 새순 상태로 채취하므로 여름철에 비해 신선도 유지기간이 매우 짧아 3~5일 정도만 신선도가 유지된다.

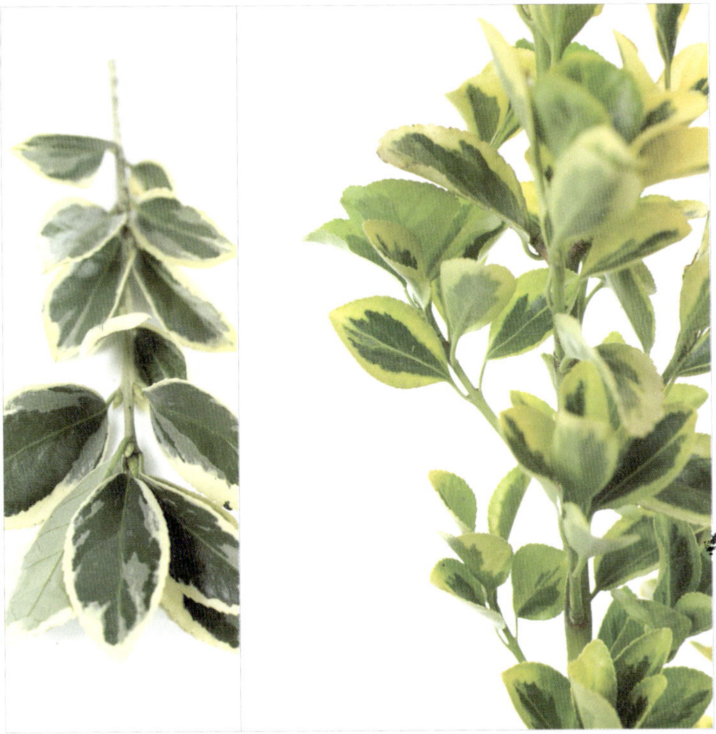

60~100 cm

7~14 days

3~5 stems

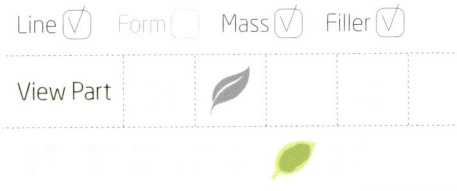

21 노박덩굴
Celastrus orbiculatus

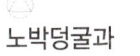
노박덩굴과
Celastraceae

영명
oriental bittersweet

다른이름
노방덩굴. 까치밥

우리나라의 전역에서 덩굴형태로 자라며, 둥근 잎이 줄기를 따라 달리지만 시장에 유통될 때는 잎이 모두 제거된 상태로 유통된다. 둥근 열매는 녹색 상태에서 약 5일 정도 경과되면 열매가 세 갈래로 갈라지고 속에서 진한 주황색의 과육이 드러나 매우 아름답다. 늦은 여름부터 시중에 유통되며, 늦은 여름에는 과육 부분이 노란색을 띠지만 가을이 가까울수록 주황색으로 변한다.

60~150 cm

10~21 days

3~5 stems

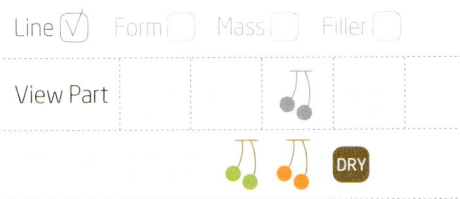

Line ✓   Form   Mass   Filler

View Part

22 탑사철나무
Euonymus japonicus 'Green Spire'

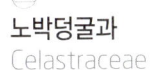
노박덩굴과
Celastraceae

영명
green spire euonymus

다른이름
층층사철나무

잎이 매우 순차적으로 달려 전체가 마치 탑을 쌓아둔 것처럼 보여 '탑사철'이라고 부른다. 잎의 크기는 금테사철나무에 비해 작고 선명한 녹색이다. 새순 상태일 때는 약 3~5일 정도가 경과되면 잎이 쉽게 떨어지므로 물 관리에 특히 주의해야 한다.

60~100 cm

7~14 days

3~5 stems

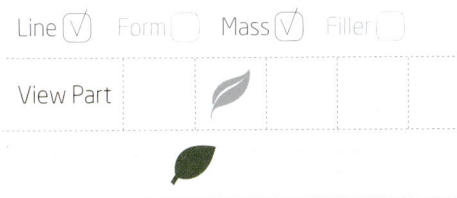

23 화살나무
Euonymus alatus

'불붙은 떨기나무_burning bush' 라는 화살나무의 영명은 가을에 단풍이 붉게 물들면 마치 작은 관목이 불타는 것처럼 보여 붙여진 이름이다.

노박덩굴과
Celastraceae

영명
winged spindle tree, burning bush

다른이름
홋잎나무, 참빗나무

줄기에 날개처럼 보이는 '코르크_cork' 재질이 달려있어 마치 화살처럼 보인다고 하여 '화살나무'라 부른다. 질감이 거칠지만 형태는 매우 독특하며, 건조한 후에도 형태변화가 거의 없으므로 수명이 길다. 줄기를 물올림 한 후 약 3~5일 정도 경과되면 악취가 심하게 나므로 오히려 물 없이 건조시키며 사용하는 것이 좋다.

60~100 cm

20 days over

3~5 stems

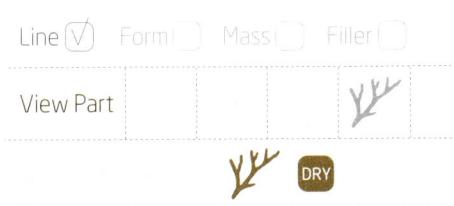

24 까마귀쪽나무
Litsea japonica

 **녹나무과**
Lauraceae

 영명
fiwa

 다른이름
가마귀쪽나무. 구롬비나무

우리나라의 남쪽에서 자라는 나무로 타원형의 잎은 뒷면이 갈색을 띠며, 앞면은 약간의 광택이 있는 녹색이다. 보통의 경우 줄기 끝에 완전히 익지 않은 녹색의 열매가 달린 상태로 유통된다. '까마귀쪽나무'를 울릉도에서는 '구롬비나무'라는 방언으로 부르는데 이것이 시장에서 잘못 유통되어 '구름비나무'가 되었다. 봄철에는 잎의 상태는 좋지만 열매가 검게 변하고 액이 나와 잘 사용하지 않는다. 물이 없이도 매우 장시간 신선도의 유지가 가능하다.

50~80 cm

14~21 days

1~2 stems

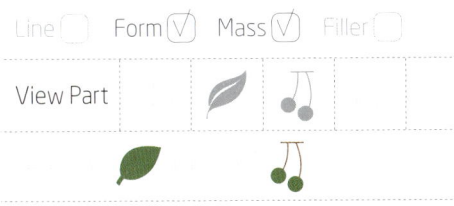

25 생강나무
Lindera obtusiloba

녹나무과
Lauraceae

영명
Japanese spice bush, wild camphor

다른이름
아귀나무, 황배목, 산동백(잘못 부르는 이름)

꽃이 피어있을 때는 산수유와 매우 비슷해 보이지만 꽃자루가 거의 없는 꽃들이 줄기에 뭉쳐 달린다. 산수유에 비해 수피가 매끈하고 줄기의 형태도 다소 직선적이다. 수피나 잎에서 생강 향기가 나며, 오래 전에는 생강 대신 향신료로 사용하기도 하였다. 줄기의 끝을 십자 형태로 자른 후 물올림 하면 수명이 매우 길게 유지되고 꽃도 잘 피는 편이다.

60~100 cm

7~21 days

2~3 stems

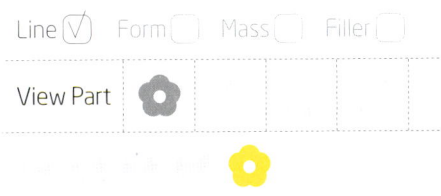
Line ✓ Form Mass Filler
View Part

26 다래나무
Actinidia arguta

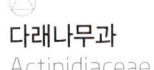
다래나무과
Actinidiaceae

영명
kiwi vine, hardy kiwi

다른이름
다래덩굴. 다래너출. 목자. 등리

새순이 나기 전 구불구불한 줄기 상태로 시중에 유통되는 다래나무는 줄기의 선이 매우 아름다워 다양하게 활용되고 있다. 오래된 가지는 수피가 벗겨지기도 하지만 새로운 가지의 줄기의 수피가 매우 매끈한 편이다. 봄철에는 줄기를 물에 담아 두면 쉽게 새순이 난다.

100 cm over

20 days over

2~3 stems

27 담팔수
Elaeocarpus sylvestris var. elliptcus

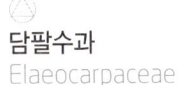
담팔수과
Elaeocarpaceae

영명
ellipticus

다른이름
산두영

우리나라의 남부에서 자라는 식물로 제주도에서는 가로수로도 흔히 볼 수 있다. 잎만 달린 상태로 유통되거나 시기에 따라서는 열매가 달린 상태로 판매되기도 한다. 물올림은 좋은 편이며, 줄기를 십자(+) 형태로 잘라 물에 꽂으면 물올림에 도움이 된다.

80~100 cm

10~14 days

2~4 stems

28 설악초
Euphorbia marginata

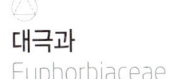
대극과
Euphorbiaceae

영명
snow on the mountain, smoke on the prairie

다른이름
빙하, 생강초

잎은 회색빛이 도는 녹색이지만 가장자리에 흰색의 테두리가 있어 매우 화려하다. 전체가 마치 눈이 온 것처럼 보여 '설악초_雪嶽草'라는 이름으로 부르며, 줄기를 자르면 흰색의 유액이 나온다. 다른 식물과 같은 물통에 보관하지 않도록 하는 것이 좋다. 수분 스트레스가 심한 편이므로 공기 중에 도관이 노출되어 있는 시간을 최소한으로 하고 빠른 시간 내에 물올림 하여야 한다.

30~80 cm

4~7 days

2~3 stems

Line ☐ Form ☐ Mass ☑ Filler ☑

View Part

크로톤
Codiaeum variegatum
(Syn. : *Croton variegatum*)

대극과
Euphorbiaceae

영명
croton, garden croton

다른이름
변엽목

크로톤은 잎에 노랑. 주황. 녹색 등의 다양한 색이 한꺼번에 조화를 이루고 있어 매우 화려한 식물로 절화시장에서는 줄기 상태의 식물체 전체보다는 잎 부분만 별도로 유통되고 있다. 잎자루가 길지 않으며 수분 스트레스가 크지 않아 물통에 담그지 않고 분무한 후 플라스틱 백에 넣어 습도를 유지해 주기만 해도 신선도가 잘 유지된다.

15~25 cm

7~14 days

5~10 stems

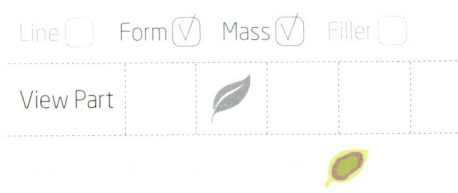

30 피마자
Ricinus communis

대극과
Euphorbiaceae

영명
castor oil plant, red leaf palma christi

다른이름
아주까리

잎이 매우 크고 암꽃과 수꽃이 한 나무에서 달린다. 줄기의 속은 비어 있으며, 잎의 형태가 팔손이와 비슷하다. 초본성이지만 크기가 크게 자라며, 줄기째로 길게 잘라 시중에 유통된다. 본래는 잎과 줄기가 녹색인 것과 붉은색인 것이 있지만 시중에 유통되는 것은 대부분 붉은색이다. 예로부터 종자에서 기름을 추출해 다양하게 사용하였다.

80~120 cm

4~7 days

2~3 stems

31 네프롤레피스
Nephrolepis exaltata

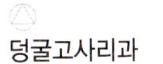
덩굴고사리과
Lomariopsidaceae

영명
boston fern, sword fern

다른이름
보스톤고사리

잎의 색이 밝은 녹색으로 색과 형태가 아름다우면서 가격은 저렴한 편이다. 그러나 건조한 환경에서 수분 스트레스가 심해 끝부분의 색이나 형태가 쉽게 변한다. 물 관리에 주의하도록 해야 하며, 경우에 따라서는 끝부분을 제거한 후 사용하기도 한다.

30~40 cm

3~5 days

20~25 stems

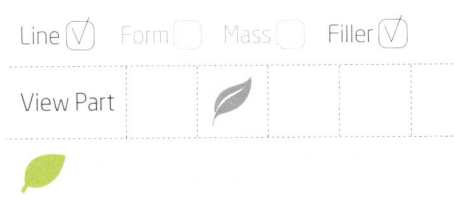

병솔나무
Callistemon citrinus

도금양과
Myrtaceae

영명
crimson bottlebrush

다른이름
병솔꽃나무, 칼리스테몬

병솔나무는 가지가 많이 갈라지며, 꽃은 가늘고 긴 솔잎처럼 생긴 것들이 무수하게 달려있어 병을 닦을 때 사용하는 둥근 솔처럼 보인다. 잎은 두껍고 수명이 길지만 채화한 후에는 봉오리 상태의 꽃은 잘 피지 않는다. 시중에는 잎만 있는 상태와 붉은 꽃이 피어있는 상태의 두 가지로 유통되고 있다.

40~80 cm

7~14 days

3~5 stems

33 유칼립투스
Eucalyptus spp.

도금양과
Myrtaceae

영명
eucalyptus, gum tree

다른이름
유까리(잘못 부르는 이름)

다양한 종류의 유칼립투스가 시중에 유통되고 있으며 잎의 크기·형태·색상의 차이가 심하다. 시중에서는 '유까리'라는 이름으로 줄여 사용하기도 하지만 정확히는 '유칼립투스'로 부르는 것이 옳다. 온도에 민감한 편이라서 더운 장소에 두면 쉽게 시들고 탈수가 빠르게 진행되어 줄기 끝의 새순부터 시들게 된다. 품종에 따라 신선도가 유지되는 기간의 차이가 심하다. 서늘한 곳에 두고 물을 깨끗하게 관리해주면 비교적 장시간 신선도를 유지시킬 수 있다.

40~80 cm

5~7 days

7~10 stems

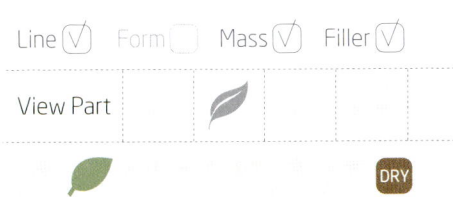

34 페이요아
Acca sellowiana
(Syn. : *Feijoa sellowiana*)

본래 '페이요아_Feijoa 속'에 속하던 식물이지만 이명처리되어 'Acca 속'으로 분류한다. 그러나 우리나라에서는 예전의 이름인 페이요아를 지금까지 사용하고 있다.

도금양과
Myrtaceae

영명
feijoa, pineapple guava, guavasteen

다른이름
페이조아, 훼이요아, 피조아

둥근 잎의 앞면과 뒷면의 색상이 확연하게 다른 식물로 잎의 뒷면이 회색에 가까운 회녹색이다. 앞면은 선명한 녹색으로 광택이 있으며, 대부분 수입되어 유통되고 있다. 수명은 길지만 가격이 비교적 비싸게 유통되고 있다.

50~60 cm

14~21 days

1 bunch

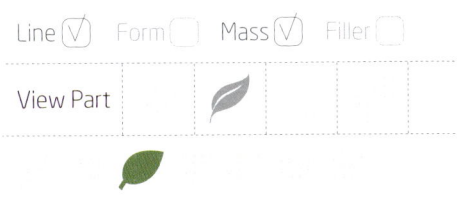

35 돈나무(피토스포룸)
Pittosporum tobira

돈나무과
Pittosporaceae

영명
pittosporum, mock orange

다른이름
칠리향. 해동. 해동피. 똥낭. 천리향(잘못 부르는 이름)

돈나무는 꽃이 피고 열매도 달리지만 대부분 잎을 관상하기 위해 유통되는 경우가 많다. 잎은 진한 녹색으로 광택이 있으며, 수명도 긴 편이다. 열매에서는 냄새가 많이 나 열매를 디자인에 활용하는 것은 좋지 않다. 봄철에는 새순을 채취한 것이라서 수명이 짧은데, 간혹 3~5일 정도만 수명이 유지되기도 한다. 하지만 이 시기에는 흰색의 꽃이 뭉쳐 핀다. 새순이 굳은 후에는 수명이 더욱 길어져 2주 이상 수명이 유지되고 수분스트레스도 적어 관리가 쉽다.

60~100 cm

4~21 days

1~3 stems

36 이탈리안 피토스포룸
Pittosporum tenuifolium 'Abbotsbury Gold'

돈나무과
Pittosporaceae

영명
Italian pittosporum

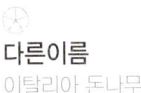
다른이름
이탈리아 돈나무

작은 잎들이 매우 아름답지만 많은 양이 수입되어 유통되고 있다. 녹색인 것에서 반점이 있는 것에 이르기까지 한 나무 내에서 색상의 변화가 심한 편이다. 그러나 수분관리가 좋지 않을 경우 잎이 한꺼번에 떨어지기도 하므로 주의하여야 한다. 국내에서 생산되는 것과 수입되는 것이 모두 유통되고 있으며, 수입되어 유통되는 것이 국내에서 생산된 것에 비해 잎떨어짐이 덜하다.

30~60 cm

7~10 days

10~20 stems

37 갤럭스 잎
Galax urceolata
(Syn. : *Galax rotundifolia*)

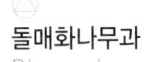

돌매화나무과
Diapensiaceae

영명
galax, wandplant, beetleweed

다른이름
갈락스 잎, 갤럭시(잘못 부르는 이름)

잎은 두껍고 광택이 있으며 둥글지만 가장자리에 작은 톱니모양의 결각이 있다. 우리나라에서는 재배하지 않아 모두 수입되어 유통되므로 아이비나 다른 잎들에 비해 가격이 높게 형성되어 있다. 그러나 다른 작은 잎들에 비해 수명이 매우 길어 시원한 곳에 냉장 보관하면 30일 이상 신선도가 유지되기도 한다. 코사지나 신부화 같이 작지만 고급스러운 잎 소재가 필요한 경우 애용되고 있다.

   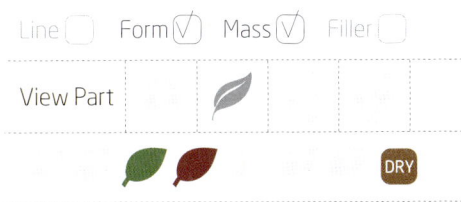

38 송악
Hedera rhombea

두릅나무과
Araliaceae

영명
songak, Japanese ivy

다른이름
섬담쟁이, 담장나무

열매를 관상하기 위해 유통되는 식물로 작은 열매들이 둥글게 모여 달린다. 열매는 녹색으로 달려 검게 익으며 우리나라의 남부지역, 울릉도 등에서 자생한다. 시중에 유통되는 덩굴성 아이비와 다르게 줄기가 단단한 목본성 식물이다. 물에 담그지 않은 상태에서 보관할 수 있으며, 겨울이 가까워질수록 열매가 더욱 아름답다. 보통 12월부터 3월까지 유통된다.

30~50 cm

7~14 days

1~3 stems

쉐플레라 홍콩
Schefflera arboricola 'Hong Kong'

쉐플레라는 품종명이 '홍콩_Hong Kong'이고 잎이 야자 잎과 비슷하여 '홍콩야자'라는 이름으로 잘못 불려왔다. 그러나 야자류와는 거리가 먼 식물이므로 '쉐플레라'라고 부르는 것이 정확하다.

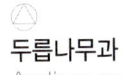
두릅나무과
Araliaceae

영명
dwarf umbrella tree, schefflera

다른이름
홍콩야자(잘못 부르는 이름)

'쉐플레라'는 광택이 있는 선명한 녹색으로 화분의 경우 잎이 큰 종과 작은 종이 모두 시중에 유통되고 있다. 그러나 꽃꽂이용의 경우 대부분 잎의 크기가 작은 종이 유통되고 있어 화분용과는 다소 차이가 있다. 물올림은 좋은 편이며, 식물체 전체를 한꺼번에 사용해도 좋지만 손바닥처럼 생긴 잎을 하나씩 잘라 코사지나 작은 꽃다발 등에 사용해도 좋다.

30~50 cm

7~14 days

1~2 stems

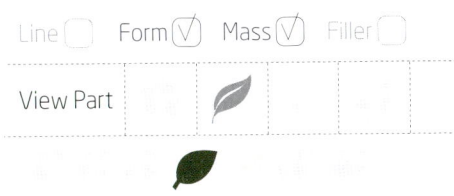

40 | 아이비
Hedera helix

두릅나무과
Araliaceae

영명
ivy

다른이름
잉글리쉬 아이비, 헤데라

아이비는 잎 한 장씩을 떼어 묶음으로 된 것과 덩굴 상태로 잘라 유통되는 것이 있다. 덩굴상태의 것은 종이 등으로 감싼 후 물통에 꽂아두면 되지만 잎만 묶어 별도로 유통되는 것은 약간 축축한 상태에서 플라스틱 백에 담아 냉장고와 같이 시원한 장소에 넣어두면 오랫동안 신선도를 유지할 수 있다.

5~8 cm (잎)
30~60 cm (덩굴)

7~14 days

10~15 stems (잎)
5 stems (덩굴)

오갈피
Eleutherococcus sessiliflorus

두릅나무과
Araliaceae

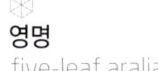
영명
five-leaf aralia

다른이름
오갈피나무. 오가피

잎보다 열매 관상을 목적으로 유통되는 경우가 많다. 열매는 녹색일 때와 검게 익은 상태로 유통되며 작고 둥근 열매들이 모여 큰 덩어리를 이룬다. 보통 약용으로 사용되는 경우가 많기 때문에 관상을 목적으로 재배하는 경우는 드물어 열매가 달리는 제철에만 유통되고 있다.

20~40 cm

7~14 days

3~5 stems

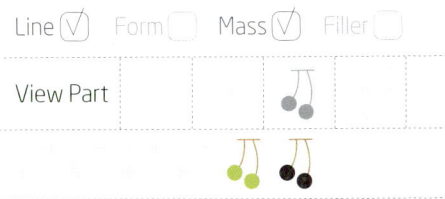

42 팔손이
Fatsia japonica

팔손이_Fatsia를 지칭하는 이름 중 'fatsi'는 일본어 8을 의미하는 현재의 발음인 'hachi_やつ'의 옛날식 발음과 매우 흡사하다. 팔손이의 독특한 형태로 인하여 붙여진 이름으로 보인다.

두릅나무과
Araliaceae

영명
fatsi, Japanese aralia

다른이름
팔각금반

잎의 가장자리가 깊게 갈라져 있는데, 보통 6~10개 정도로 갈라진다. 잎은 두껍고 광택이 있으며, 비교적 수명도 길지만 부드러운 새순의 경우 쉽게 시들기도 한다. 열매가 달린 상태로 유통되기도 하며, 열매 상태에서는 오갈피나무와 혼동하기도 한다.

20~50 cm

7~14 days

1&10 stems

43 엘레기아
Elegia capensis

 레스티오과 Restionaceae
 영명 broom reed
 다른이름 카펜시스

엘레기아는 마디마다 황갈색의 포가 가는 잎들을 감싸고 있다가 일정시간 뒤 포가 뒤로 젖혀지면서 잎이 하늘을 향해 수염처럼 펼쳐진다. 식물체 전체의 길이는 매우 길고 필요에 따라 마디에서 잘라 사용할 수 있으며, 본래 남아프리카 원산의 식물이다. 국내에서 재배되고 있지만 유통되는 기간이 길지는 않아 6~7월경을 중심으로 많이 유통된다.

 100~120 cm
 5~7 days
 5~6 stems

44 칼라데아 마코야나
Calathea makoyana

 **마란타과** Marantaceae

 영명 peacock plant, cathedral windows

 다른이름 화살깃 파초

가는 줄기의 끝에 긴 타원형으로 달리는 잎은 두께가 매우 얇고 밝은 녹색이지만 타원형의 선명한 무늬가 주맥 양쪽으로 배치되어 있다. 잎이 얇기 때문에 수분 스트레스가 있을 경우 잎의 가장자리가 황갈색으로 변하거나 쉽게 건조된다.

40~60 cm

4~7 days

3~5 stems

45 칼라데아 란시폴리아
Calathea lancifolia
(Syn. : *Calathea insignis*)

아직까지 대부분의 경우 우리 나라에서는 '인시그니스_insignis'로 불리고 있으며, 인시그니스는 본래의 종명을 말하는 것이다. 그러나 그 이름은 현재 이명 처리되어 '란시폴리아_lancifolia'라 부르는 것이 옳다.

마란타과
Marantaceae

영명
rattle snake plant

다른이름
인시그니스

좁고 긴 잎의 앞면과 뒷면이 확연히 다른 식물로 앞면은 녹색 바탕에 검정과 가까운 붉은색 타원형 무늬가 중심맥 양쪽으로 나열되어 있으며, 뒷면은 자주색으로 되어 있다. 전체가 약간의 물결 같은 굴곡이 있으며 수명도 긴 편이다.

잎 뒤쪽

30~60 cm

7~14 days

5 stems

Line ✓ Form ✓ Mass ☐ Filler ☐

View Part

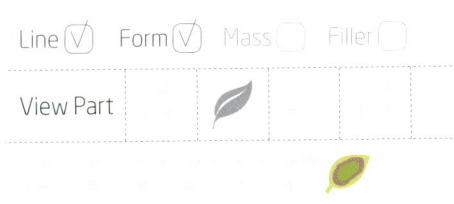

좀작살나무
Callicarpa dichotoma

마편초과
Verbenaceae

영명
purple beauty-berry

다른이름
작은자주

줄기를 따라 잎과 함께 보라색의 작은 열매들이 둥글게 모여 달린다. 열매가 특히 아름다워 열매 관상을 목적으로 유통되며, 녹색으로 달려 보라색으로 익지만 익은 열매는 쉽게 떨어진다. 열매를 관상하는 다른 식물에 비해 열매의 수명이 비교적 짧은 편이다.

40~100 cm

4~7 days

5~10 stems

Line ✓   Form   Mass   Filler ✓

View Part

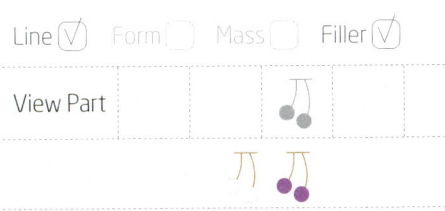

47 남천
Nandina domestica

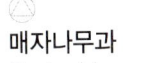

매자나무과
Berberidaceae

영명
domestica

다른이름
남천죽(南天竹), 남천촉(南天燭)

남천은 줄기의 끝에서 흰 꽃이 핀 후 열매가 달려 붉게 익는다. 보통의 경우 잎만 달린 줄기 상태로 유통되지만 붉은 열매가 달린 상태인 경우도 볼 수 있다. 가을이 되면 잎의 색이 붉은색을 띤다. 수명이 매우 길지만 물올림이 원활하지 않을 경우 잎이 한꺼번에 떨어지므로 물 관리에 주의하도록 한다. 열매가 있는 상태에서 출하되는 남천은 잎이 좀 더 빨리 떨어지는 편이다.

60~120 cm

7~14 days

2 stems

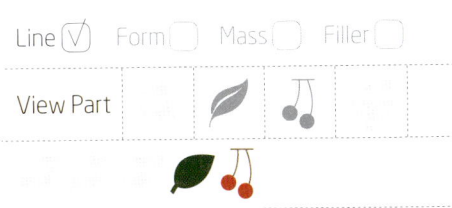

48 | **뿔남천**
Mahonia japonica

매자나무과
Berberidaceae

영명
mahonia

다른이름
대만남천죽

남천과 잎이 달리는 전체의 형태는 비슷해 보이지만 잎이 좀 더 두껍고 광택이 있으며, 마치 뿔이 달린 것처럼 가장자리가 뾰족한 결각이 있다. 노란색의 아름다운 꽃이 피는데 잎만 달린 상태에서는 수명이 매우 긴 편이다. 나무 자체의 가격이 비싸므로 최근에는 거의 유통되지 못하고 있다.

60~100 cm

7~14 days

2 stems

49 베어그라스
Xerophyllum tenax

멜란디움과
Melanthiaceae

영명
bear grass, indian basket grass

다른이름
인디언 그래스

좁고 긴 잎은 중심에 약간의 홈이 있는 형태로 가장자리가 매우 날카롭다. 전체는 부드러운 곡선을 이루며, 수명이 매우 길다. 물에 담그지 않은 상태에서도 저온에서는 매우 장시간 보관이 가능하기 때문에 유통과정에서는 대부분 물처리 하지 않고 판매한다. 물올림 할 때는 아랫부분의 일부분만 물에 닿도록 하는 것이 좋다.

40~80 cm

21~30 days

40 stems over

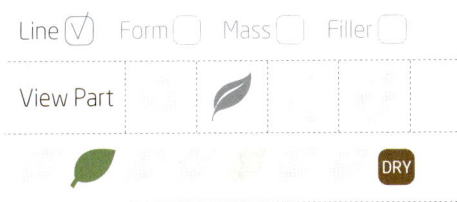

50 | 백목련
Magnolia denudata

목련과
Magnoliaceae

영명
yulan magnolia

다른이름
북향화, 흰가지꽃나무, 수란, 옥란, 옥수

백목련은 크림색의 꽃이 매우 아름다우며, 우리나라의 전역에서 볼 수 있다. 시중에 유통되는 것은 대부분 봉오리 상태로 꽃이 피기 전에 자르며, 수명도 긴 편이다. 절화시장에서는 백목련에 비해 자목련의 가격이 좀 더 높게 형성되고 있다. 미리 출하되는 것에 비해 제철에 출하되는 백목련은 수명은 짧지만 꽃의 크기가 크고 개화하는 속도도 빠르다.

70~100 cm

5~10 days

2~3 stems

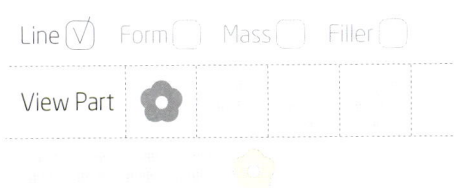

51 태산목
Magnolia grandiflora

목련과
Magnoliaceae

영명
southern magnolia, bull bay

다른이름
양옥란. 양목란. 큰목련꽃

잎이 매우 크고 앞면과 뒷면의 색이 명확하게 달라 앞면은 광택이 있는 선명한 녹색이지만 뒷면은 황갈색을 띠고 있다. 꽃도 피지만 대부분 잎을 관상하기 위해 유통된다. 그러나 간혹 열매나 꽃이 달린 상태로 유통되는 것도 볼 수 있다.

70~100 cm

7~21 days

2~3 stems

52 라일락
Syringa vulgaris

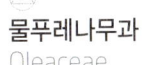
물푸레나무과
Oleaceae

영명
lilac, pipe tree

다른이름
서양수수꽃다리

이른 봄 향기가 진한 꽃이 피는 라일락은 보라색과 흰색이 유통되며, 매우 풍성하고 아름답다. 그러나 줄기에 비해 꽃이 많이 달려 물올림이 원활하지 못한 경우가 많고, 쉽게 탈수를 겪으므로 사용할 때 특히 물 관리에 주의해야 한다. 수분 스트레스가 매우 심한 식물이기 때문에 장시간 신선도가 유지되어야 하는 디자인에는 사용을 자제하는 것이 좋다. 일반 라일락 외에 '미스김 라일락' 품종도 간혹 유통되고 있는데, 다른 종류에 비해 '미스김라일락'은 꽃의 크기는 작지만 수명은 좀 더 긴 편이다.

70~100 cm

3~5 days

3~5 stems

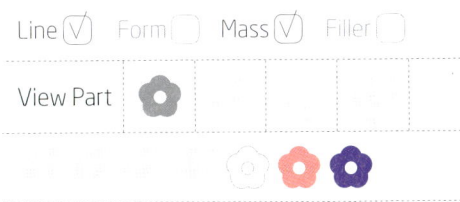

53　개나리
Forsythia koreana

물푸레나무과 Oleaceae	**영명** Korean forsythia	**다른이름** 어사리, 신리화

봄철에 노란색의 선명한 꽃이 아름다운 개나리는 우리나라의 전역에서 볼 수 있으며, 꽃이 피기 전 봉오리가 맺힌 상태로 유통된다. 봉오리의 상태에 따라서 다소 차이가 있으나 봉오리가 노란색을 띤 정도로 구입하여 물올림하면 쉽게 꽃이 핀다. 개나리는 꽃이 진 후 잎만 달린 상태로도 유통되고 있으나 주로 꽃 관상을 목적으로 사용하는 경우가 많다.

54 광나무
Ligustrum japonicum var. *japonicum*

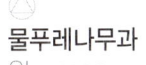 **물푸레나무과**
Oleaceae

 영명
wax-leaf privet, Japanese privet

 다른이름
여정목(女貞木), 동청(冬靑), 간남

광택이 있는 녹색의 잎도 아름답지만 대부분 열매 관상을 위해 유통되는 경우가 많다. 열매는 밝은 회녹색으로 달려 검게 익는데, 녹색일 때와 검게 익은 상태 모두 아름답다. 그러나 열매가 녹색인 상태에서는 물관리가 좋지 않을 경우 검게 시들기도 하므로 주의하도록 한다.

70~100 cm

7~14 days

3~4 stems

55 목서
Osmanthus fragrans
(Syn. :*Osmanthus asiaticus*)

은목서(*Osmanthus asiaticus*)는 목서
(*Osmanthus fragrans*)에 수용되었다.

물푸레나무과
Oleaceae

영명
sweet osmanthus, fragrant olive

다른이름
은목서

손톱보다 더 작은 크기의 흰색 꽃이 잎겨드랑이에 뭉쳐 피며, 향기가 매우 좋다. 잎의 형태는 호랑가시나무와 매우 비슷하고 꽃이 매우 작아 꽃 보다는 잎의 관상가치가 더 높다.

60~100 cm

7~14 days

3~5 stems

이탈리아 자스민
Jasminum humile

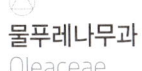
물푸레나무과
Oleaceae

영명
Italian jasmine, yellow jasmine

다른이름
노란꽃 자스민

연노랑색의 꽃은 통으로 달리기 때문에 수명이 다하면 통째로 떨어진다. 꽃의 향기는 진하고 가지가 많이 갈라지며 나무에서는 1.5~2m 정도로 길게 자라지만 절화시장에서는 약 80cm 내외로 유통되고 있다. 시간이 지나면서 잎에 비해 꽃이 수분 스트레스가 좀 더 심한 편이므로 꽃 떨어짐에 주의하여야 한다.

70~100 cm

4~7 days

4~5 stems

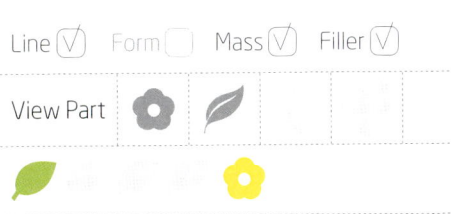

57 쥐똥나무
Pittosporum tobira

물푸레나무과
Oleaceae

영명
ibota privet, border privet

다른이름
남정실

열매가 쥐똥처럼 생겨 '쥐똥나무'라 부른다. 작은 흰색의 꽃이 다닥다닥 모여 피며. 꽃이 달린 상태로 유통되는 경우가 많다. 쉽게 탈수현상을 겪게 되므로 물 관리에 주의하도록 한다. 특히 출하가 시작되는 5월~ 6월 중순까지는 다른 달에 비해 수명이 더 짧은 편이다.

70~100 cm

4~7 days

3~7 stems

58 황금무늬 왕쥐똥나무
Ligustrum ovalifolium var. *variegatum*

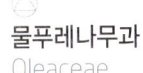 **물푸레나무과**
Oleaceae

영명
gold ibota privet

 **다른이름**
황금쥐똥나무

잎은 노란색과 밝은 녹색이 함께 조합되어 있으며, 새순의 경우 좀 더 노란색을 띤다. 색과 형태가 아름다워 잎을 관상하기 위해 유통되지만 수분 스트레스가 심해 쉽게 탈수를 겪는다. 특히 출하가 시작되는 5~6월 중순까지는 순이 부드러워 다른 달에 비해 잎이 더욱 쉽게 탈수되므로 물 관리에 주의하도록 해야 한다.

 70~100 cm

 4~7 days

 3~7 stems

색동호박
Cucurbita pepo

박과
Cucurbitaceae

영명
summer squash

다른이름
화초호박

줄기 없이 호박만 유통되며, 수명이 매우 길어 간혹 몇 개월씩 유지되기도 한다. 색상이 매우 다양하며, 형태는 호박 고유의 형태와 원형, 타원형, 표주박 형태 등으로 다양하다. 색은 오렌지나 노랑 계열로 다양하고 특히 수박과 같은 줄무늬가 있거나 위와 아래가 정확하게 분리되는 색상을 띠기도 한다.

10~30 cm

30 days over

1 each

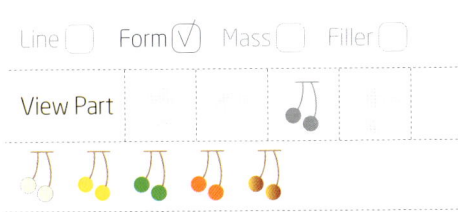

풍선박주가리
Asclepias physocarpa

풍선박주가리는 본래 '박주가리과'로 분류되었으나 APG 2 system 이후 '박주가리아과', '협죽도과'로 분류된다. 즉, '박주가리과'와 '협죽도과'는 별도의 과로 존재하였지만 '박주가리과'가 '협죽도과'내로 통합되어 '박주가리아과'가 되었다. 현재 '협죽도과' 내에는 5개의 아과가 통합되어 있다.

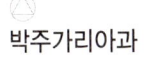
박주가리아과
Asclepiadoideae

영명
ballon plant, swan plant

다른이름
풍선초, 고환나무, 풍선버들

둥글고 풍선처럼 생긴 열매들이 줄기를 따라 달리는 식물로 잎은 마치 버들잎처럼 가늘고 길다. 줄기를 자르면 유액이 나오며, 완전히 익은 열매는 박주가리처럼 '봉선_縫線:suture'이 터지면서 씨앗이 날린다. 꽃 없이 열매만 달린 상태에서 유통되는 경우도 있지만 줄기의 끝부분에 꽃이 함께 달려 유통되기도 한다.

80~120 cm

7~10 days

3~5 stems

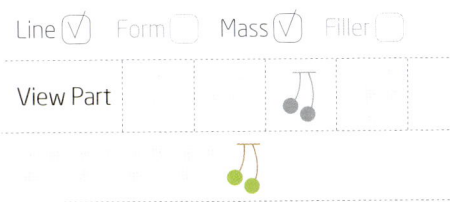

61 버들
Salix

버드나무과
Salicaceae

영명
willow

다른이름
버드나무, 밍크버들

11월경 처음 출하되면서는 꽃 이삭이 어두운 자주색의 포에 감싸진 상태로 출하되지만 3월경부터는 포가 떨어진 상태로 유통된다. 포가 벗겨지면 질감이 매우 부드럽고 은회색을 띠어 특히 아름답다. 수분 스트레스가 거의 없어 물에 담그지 않고 보관하는 경우도 많다. 그러나 물에 넣어두면 빠른 속도로 순이 자라고 뿌리가 돋아난다.

80~120 cm

7~14 days

5~10 stems

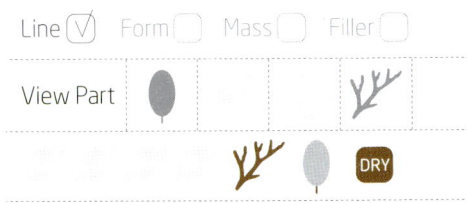

갯버들
Salix gracilistyla

버드나무과
Salicaceae

영명
rosegold pussy willow

다른이름
조유

시중에 유통되는 왕버들과는 다르게 줄기는 그다지 두껍지 않고 갈라진다. 잎보다 꽃이 먼저 피기 때문에 꽃시장에서는 잎이 아직 나지 않은 시기에 유통된다. 왕버들은 두껍고 긴 줄기가 직선으로 뻗어 있는 형태지만 갯버들은 좀 더 가늘고 가지가 갈라져 볼륨이 필요한 곳에 사용하기 좋다.

80~120 cm

7~14 days

7~10 stems

63 능수버들
Salix pseudolasiogyne

버드나무과
Salicaceae

영명
weeping willow

다른이름
수양버들, 수류

버들류 중에서 아래로 늘어지며 자라 '능수버들'이라는 이름으로 부르며, 줄기는 비교적 가늘고 황색을 띤다. 줄기가 가늘면서 쉽게 구부러지며 잘 부러지지 않아 다양한 용도로 사용된다. 물에 담아 두면 뿌리와 새싹이 매우 잘 나는 편이다.

100~150 cm

14~21 days

7~15 stems

석화버들
Salix udensis 'Sekka'
(Syn. : *Salix sachalinensis*)

 버드나무과
Salicaceae

영명
Japanese fantail willow, dragon willow

 다른이름
석화류

줄기의 끝부분이 매우 독특한 형태를 이루고 있으며, 갈라지거나 휘어져 매우 아름답다. 다른 버들류는 줄기가 둥근 형태를 유지하는 반면 석화버들은 줄기의 끝부분이 납작한 면을 이루기도 한다. 특별히 관리하지 않고 물만 깨끗하게 두어도 매우 장시간동안 신선도가 유지되며 건조하여 사용하기도 한다.

 80~100 cm

 20 days over

 2~3 stems

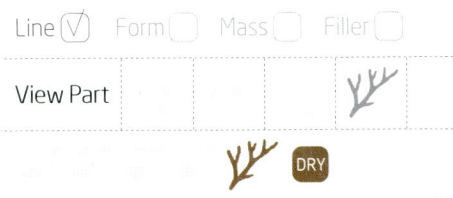

용버들
Salix matsudana

버드나무과
Salicaceae

영명
curly willow, Chinese willow

다른이름
고수버들. 곱슬버들(잘못 부르는 이름)

'용버들'은 줄기가 구불구불하게 굽어 있어 붙여진 이름으로 절화시장에서 거의 연중 구매할 수 있는 대중적인 식물이다. 물올림이 잘 되는 편이며, 줄기를 물에 담아두면 쉽게 뿌리가 나온다. 새순은 녹색으로 나서 점차 짙은 황갈색으로 변하며, 보통 1m 내외의 크기로 채취하지만 간혹 3m 이상의 대형 사이즈가 유통되기도 한다.

80~120 cm

14~21 days

3~5 stems

Line ☑ Form ☐ Mass ☐ Filler ☐

View Part

무늬버들
Salix integra

버드나무과
Salicaceae

영명
dappled willow, 'hakuro-nishike' willow

다른이름
무늬캐키버들, 삼색 캐키버들, 하쿠로니시 버들

잎의 새순 부분이 연두색, 흰색, 분홍색을 띠어 멀리서 보면 마치 꽃이 핀 것처럼 보이는 식물이다. 잎이 아름다워 관상가치가 매우 높지만 물을 좋아하고 수분 스트레스가 심한 편이다. 잘라진 상태에서는 도관을 통해 수분공급이 원활하지 못해 쉽게 끝부분의 새순이 시드는 경우가 많다.

50~80 cm

4~7 days

5~7 stems

헤우케라
Heuchera americana

범의귀과
Saxifragaceae

영명
alumroot, coral bells

다른이름
휘체라(잘못 부르는 이름)

잎의 색이 매우 독특한 식물로 주로 잎 관상을 위해 유통된다. 잎의 앞면은 황록색인데 비해 뒷면이 선명한 자주색을 띠어 아름답지만 수분 스트레스가 심한 편이다. 물 관리에 따라 쉽게 탈수현상이 진행되므로 습도 조절에 주의하는 것이 좋다.

10~15 cm

4~7 days

1 bunch

베고니아 마소니아나
Begonia masoniana

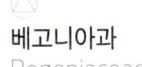
베고니아과
Begoniaceae

영명
Iron cross begonia, rex begonia

다른이름
렉스베고니아, 잎베고니아

잎의 형태나 색상이 매우 독특하고 수분이 많은 다육질의 식물이다. 물올림 할 때는 잎자루의 끝부분만 약간 물에 잠기게 보관해야 하며, 잎 몸이 물에 닿거나 물통이 커서 잎이 완전히 물통에 파묻힐 경우 환기 부족으로 인하여 쉽게 부패되므로 환경관리에 주의해야 한다.

20~30 cm

4~7 days

5 stems

강아지풀
Setaria viridis

벼과
Poaceae

영명
foxtail

다른이름
개꼬리풀, 구미초

우리나라의 들에서 흔히 볼 수 있는 식물로 가늘고 긴 줄기 끝에 이삭이 길게 달린다. 관상을 목적으로 재배하지 않지만 들에서 채취하여 봄철에 한정적으로 유통되고 있다. 전체의 선이 유연하고 색상도 아름답지만 시간이 지나면서 잎이 황색으로 변하면서 뒤틀리므로 주의하여 사용하여야 한다.

30~50 cm

4~7 days

1 bunch

Line (√)　Form ( )　Mass (√)　Filler (√)

View Part

기장
Panicum miliaceum

벼과
Poaceae

영명
millet, hog millet

다른이름
서(黍)

쌀과 매우 비슷하게 보이지만 열매가 좀 더 작고 아래로 더 많이 늘어지듯 자란다. 우리나라에서는 예로부터 구황작물로 이용되었으나 최근에는 관상용으로 채취되기도 한다. 매우 짧은 기간 동안 유통되며, 건조한 환경이나 수분이 부족하면 이삭이 시작되는 줄기의 끝부분이 꺾이거나 부러지기 쉬우므로 관리에 주의해야 한다.

50~70 cm

4~7 days

1 bunch

단수수
Sorghum bicolor var. *dulciusculum*

벼과
Poaceae

영명
sorghum

다른이름
고량, 촉서, 고량

옥수수 대처럼 생긴 줄기의 끝에 작은 열매들이 모여 긴 타원 형태를 이룬다. '조'에 비해 열매나 이삭의 크기가 훨씬 크며, 이삭도 곧게 달린다. 색상이 더욱 화려하게 보이기 위하여 간혹 페인트 처리하여 판매하기도 한다. 이삭에 쉽게 곰팡이가 피기도 하므로 환기가 잘 되는 장소에 보관하는 것이 좋다.

80~120 cm

7~10 days

3~5 stems

보리
Hordeum vulgare var. *hexastichon*

벼과
Poaceae

영명
barely

다른이름
맥

관상을 목적으로 유통되는 보리는 밝은 녹색으로 대부분 완전히 여물지 않은 상태로 채취한다. 보리를 디자인에 이용할 때는 줄기나 열매보다는 잎의 색이 먼저 변하기 때문에 잎은 제거한 후 사용하는 것이 좋다. 그러나 잎을 아래로 당겨 제거할 경우 줄기를 감싸고 있는 '잎집_Leaf sheath' 부분이 손상되므로 되도록 잎만 잘라주는 것이 좋다.

50~70 cm

4~7 days

20~30 stems

73 옥수수
Zea mays

옥수수는 멕시코 등지가 원산이지만 우리나라에는 중국으로부터 전해진 것으로 알려져 있으며, 중국음인 '위수수_玉蜀黍'에서 '옥수수'라는 이름이 유래되었다.

벼과
Poaceae

영명
corn

다른이름
옥시기, 강냉이

식용으로 재배되는 옥수수는 먹을 수 있는 열매 부분이 큰 편이지만 절화용으로 판매되는 옥수수는 열매가 작고 색이 선명한 것을 많이 사용한다. 줄기와 열매는 완전히 건조된 상태로 판매되기 때문에 수명이 매우 길지만 보관이 잘못되면 간혹 열매나 줄기에 곰팡이가 피기도 한다.

80~120 cm

21 days over

2~3 stems

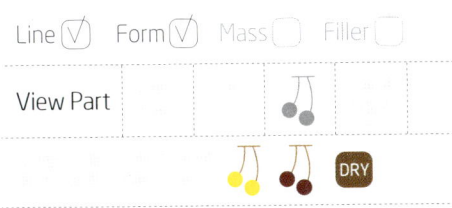

74 라티폴리움
Chasmanthium latifolium
(syn.: *Uniola latifolia*)

벼과
Poaceae

영명
uniola, woodoats

다른이름
보리사초, 유니폴라

줄기는 가늘지만 비교적 단단하고 끝부분이 휘어지는데, 줄기 끝부분에 이삭들이 아래로 늘어지며 달린다. 이삭의 형태는 매우 독특하며, 건조되면서 황갈색으로 변하지만 형태의 변화는 거의 없다.

40~60 cm

7~10 days

1 bunch

75 조
Setaria italica

벼과
Poaceae

영명
Chinese millet, foxtail millet

다른이름
좁쌀

줄기의 끝에 아주 작은 열매들이 다닥다닥 붙은 이삭이 달리며, 열매들의 무게로 이삭이 둥글게 휘며 자란다. 열매들은 녹색에서 점차 갈색으로 익는다. 어린 순 상태에서 유통되는 경우 매우 부드럽고 보송보송해 보이지만 이삭이 완전히 형태를 갖춘 후에는 종자가 단단해지고 형태가 뚜렷해 져서 질감이 거칠어진다.

60~100 cm

7~10 days

5 stems

Line ✓   Form ☐   Mass ✓   Filler ☐

View Part

DRY

파니쿰
Panicum 'Fountain'

벼과
Poaceae

영명
panicum grass

다른이름
패니쿰

파니쿰은 이삭 부분이 매우 섬세하고 부드러운 질감을 가지고 있어 마치 안개가 낀 것처럼 보인다. 그러나 줄기의 속이 비어 있으면서 조직이 부드러워 쉽게 부러지므로 구매한 후 관리에 주의해야 한다. 건조한 환경에서는 이삭의 끝부분부터 형태가 훼손되기 시작하므로 지나치게 건조한 장소에 두지 않는 것이 좋다.

40~60 cm

4~7 days

1 bunch

부들
Typha orientalis

부들과
Typhaceae

영명
cat-tail

다른이름
포이화분, 포초황, 향포

줄기의 끝부분에 마치 소시지처럼 생긴 꽃차례가 달린다. 잎은 좁고 매우 길면서 줄기를 감싸고 있으며, 시중에는 꽃차례가 있는 줄기와 잎이 한꺼번에, 혹은 잎만 잘라 유통된다. 소시지처럼 생긴 꽃차례의 크기가 큰 '종'과 매우 작은 미니 '종'이 절화시장에 유통된다.

80~150 cm

7~14 days

5~10 stems

78 쿠페아
Cuphea hyssopifolia

부처꽃과
Lythraceae

영명
cuphea, false heather

다른이름

줄기를 따라 작은 잎들이 다닥다닥 달리며, 잎들 사이로 아주 작은 진분홍색의 꽃들이 핀다. 잎이나 꽃은 쉽게 건조되며 꽃은 잘 떨어지는 편이다. 보관할 때는 반드시 수분 스트레스를 받지 않도록 주의해야 하며, 습도가 낮아지지 않도록 유지한다.

20~30 cm

3~5 days

1 bunch

네오마리카
Neomarica northiana

붓꽃과
Iridaceae

영명
walking iris, apostle plant

다른이름
제비란

잎들이 아랫부분에서 서로 겹쳐지며 나는데, 전체의 형태는 부채처럼 보인다. 잎에 반엽이 있는 것과 전체가 녹색인 것이 유통되며, 반엽이 있는 품종은 좀 짧은 편이지만 전체가 녹색인 것이 좀 더 길게 자란다. 절화시장에서는 꽃이 개화되지 않은 상태로 잎 관상을 목적으로 유통된다.

30~60 cm

10~14 days

3 stems

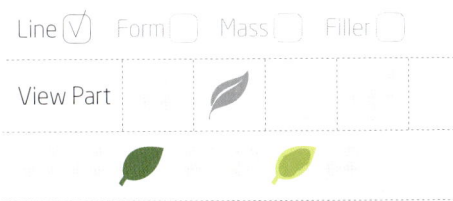

왕골
Cyperus exaltatus

사초과
Cyperaceae

영명
umbrella plant

다른이름
완초

왕골은 예로부터 튼튼한 줄기 껍질을 모자, 바스켓, 돗자리 등을 만드는데 사용해 왔다. 줄기 끝에 꽃과 잎이 한꺼번에 달리는데, 형태가 아름다워 꽃꽂이용으로도 많이 판매되고 있다. 꽃에 비해 잎이 시드는 속도가 좀 더 빠르고 쉽게 부러지므로 보관에 주의하는 것이 좋다.

100~120 cm

7~10 days

3~5 stems

Line (V) Form Mass Filler
View Part

81 참당귀
Angelica gigas

산형과
Apiaceae

영명
gigantic angelica

다른이름
조선당귀

꽃대가 보라색의 잎자루 내에 숨어 있다가 밖으로 돌출되어 작은 꽃들이 핀다. 당귀 특유의 향이 있으며 수명도 긴 편이다. 절화시장의 유통 과정에서는 잎이 거의 없이 꽃만 달린 상태이기 때문에 식용 당귀와는 전혀 다른 식물로 생각하는 경우도 많지만 참당귀는 어린 순 상태에서 식용한다.

80~100 cm

7~10 days

2~3 stems

82 석송
Lycopodium clavatum

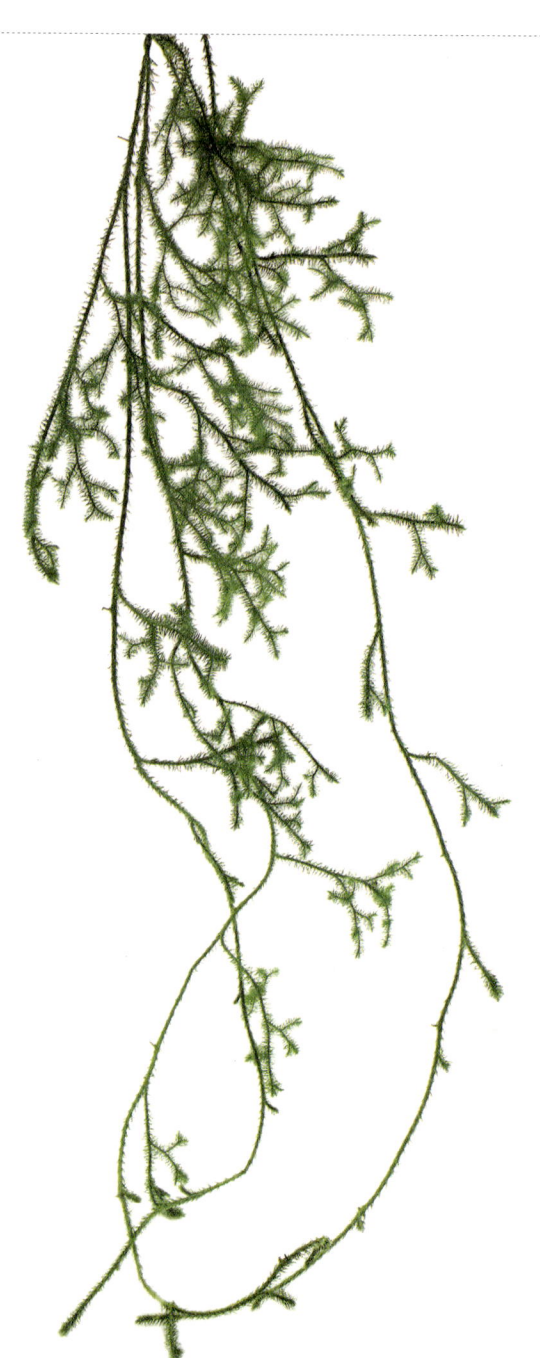

석송과
Lycopodiaceae

영명
ground pine, club moss

다른이름
애기석송

석송은 건조되면 잎이 쉽게 바스라지고 형태가 흐트러지므로 물 관리에 주의하도록 해야 한다. 물에 직접적으로 꽂아도 좋지만 종이 등으로 감싸거나 플라스틱 백에 보관하는 것도 좋다. 무엇보다도 건조한 환경에 노출되지 않도록 관리하는 것이 중요하다.

100~150 cm

5~10 days

5 stems

Line ✓ Form ☐ Mass ✓ Filler ✓

View Part

소나무
Pinus densiflora

소나무과
Pinaceae

영명
evergreen pine

다른이름
적송, 솔, 솔나무

곡선(육송)으로 된 것과 직선(해송, 곰솔)으로 된 것이 유통된다. 줄기에서는 끈적거리는 송진이 나오므로 취급에 주의하도록 한다.

80~100 cm

21~30 days

2~3 stems

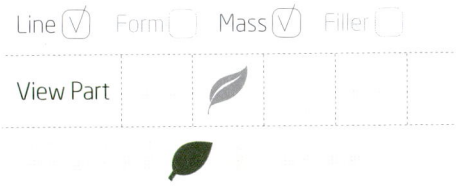

84 일본잎갈나무
Larix kaempferi

소나무과
Pinaceae

영명
Japanese larch

다른이름
낙엽송

물에 담아두면 물에서 가까운 줄기에서부터 곰팡이가 잘 피므로 관리에 주의하는 것이 좋다. 열매가 많이 달린 상태에서 유통하는 것과 새순만 있는 상태에서 유통하는 것이 있다.

멕시코소철
Zamia furfuracea

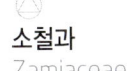
소철과
Zamiaceae

영명
cardboard palm, jamaica sago tree

다른이름
자메이카 소철

멕시코소철의 잎은 둥글지만 두껍고 뻣뻣하다. 잎자루를 따라 작은 잎들이 대칭으로 나열되어 있으며, 거의 광택이 없다. 잎이 단단하기 때문에 수명이 매우 길고 형태 변화도 거의 없어 물에 담그지 않아도 신선도가 오랫동안 유지된다.

10~30 cm

14~21 days

5 stems

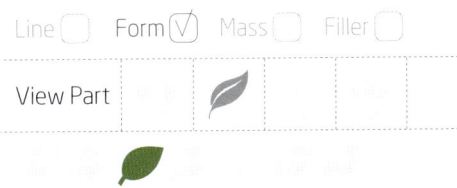

소철
Cycas revoluta

소철과
Zamiaceae

영명
king sago palm, sago palm

다른이름
철수, 피화초, 풍미초

작고 긴 잎들이 잎자루를 따라 촘촘하게 붙어 있어 마치 대형 깃털처럼 보이기도 한다. 그러나 어두운 녹색의 잎은 끝이 뾰족하기 때문에 취급에 주의해야 하며, 물에 담그지 않아도 오랫동안 신선도가 유지된다.

20~120 cm

14~21 days

10 stems

87 | 속새
Equisetum hyemale

속새과
Equisetaceae

영명
scouring rush, rough horsetail

다른이름
마디초, 에쿼시툼

어두운 녹색의 속새는 줄기에 검은색 마디가 명확하며, 양치식물이기 때문에 꽃은 피지 않는다. 속이 비고 마디가 있어 그 마디에서 쉽게 꺾이기 때문에 꽃꽂이용으로 사용할 때는 줄기 안으로 철사를 삽입하여 원하는 형태대로 구부려 사용하기도 한다. 거의 연중 유통되고 있지만 대부분 강원도에서 출하되고 있으므로 눈이 심하게 오거나 추운 겨울철에는 잘 출하되지 않는다.

40~80 cm

7~14 days

10~15 stems

고광나무
Philadelphus schrenkii var. schrenkii

고광나무는 본래 범의귀과로 분류하였으나 APG 체계로 분류하면서 수국과로 재분류 되었다.

수국과
Hydrangeaceae

영명
mock orange

다른이름
쇠영꽃나무

고광나무는 희고 투명한 작은 꽃들이 줄기를 따라 피어 매우 아름답다. 꽃이 피는 식물이지만 비교적 물올림이 원활한 편으로 줄기의 끝을 잘 자르고 십자형태(+)로 갈라 물올림 하는 것이 좋다. 물속자르기를 하여도 좋지만 열탕처리하면 꽃의 개화가 더욱 원활하다.

60~100 cm

4~7 days

3~5 stems

연밥
Nelumbo nucifera

수련과	영명	다른이름
Nelumbonaceae	sacred lotus seedheads	

본래 식용할 수 있는 열매로 전체가 녹색인 상태와 약간 붉은 색으로 익은 상태가 출하된다. 건조하여 사용할 수 있으며 건조되면서 줄기가 쉽게 해체되므로 따로 떼어 철사나 나무스틱에 꽂아 사용하기도 한다. 건조된 후에도 유통되고 있지만 건조된 상태로 유통될 때는 머리 부분만 분리한 후 가공된 대나무를 줄기로 대체하여 유통한다. 수명은 보통의 경우 약 일주일 정도지만 건조된 후에는 거의 반 영구적으로 사용할 수 있다.

 60~80 cm

 5~6 days

 5 stems

Line ✓ Form ✓ Mass ✓ Filler

View Part

90 시계초덩굴
Passiflora spp.

시계꽃과
Passifloraceae

영명
passion flowers, blue-crown flower

다른이름
패션플라워

길이가 긴 덩굴성 식물로 덩굴손이 있다. 꽃은 잎겨드랑이에서 시계의 형태로 달리는데 하루밖에 유지되지 않는다. 줄기를 자른 상태에서는 꽃을 보기 어렵지만 잎의 형태나 줄기가 아름다워 잘라 유통된다. 덩굴 상태로 유통되고 한 묶음에 다섯 대가 들어 있다. 줄기가 길기 때문에 물올림이 잘 안되어 스프레이 한 후 봉투에 밀봉해 둔다. 최근에는 유통이 점점 줄어들고 있다.

80~100 cm

3~5 days

5 stems

Line ✓   Form   Mass   Filler
View Part

꽃양배추
Brassica oleracea

십자화과
Brassicaceae

영명
cauliflower, kale

다른이름
잎모란, 엽목단

가을이나 겨울에는 추위에 강한 꽃양배추가 화단용으로 많이 사용된다. 그러나 녹색, 황색, 자색의 잎을 가진 작은 크기의 것들은 꽃꽂이용으로 많이 사용되고 있다. 수명이 비교적 길지만 물에 담가진 줄기는 쉽게 부패되므로 물 관리에 주의하도록 해야 한다. 절화시장에서는 작은 사이즈와 큰 사이즈로 분류하여 유통되고 있다.

30~50 cm

7~14 days

1 stem

다닥냉이
Lepidium apetalum

 **십자화과**
Brassicaceae

 영명
pepperweed, peppergrass

 다른이름
독행채

가지가 많이 갈라지고 열매가 달린 형태가 아름다워 꽃꽂이용으로도 많이 사용된다. 봄철에 잠시 유통되기 때문에 계절적인 영향이 크며, 물에 쉽게 부패되므로 주의하도록 한다. 단으로 묶은 상태로 장시간 보관하면 쉽게 부패된다.

20~40 cm

3~5 days

1 bunch

93 말냉이
Thlaspi arvense

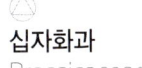
십자화과
Brassicaceae

영명
field penny-cress

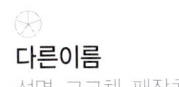
다른이름
석명, 고고채, 패장초

말냉이는 다닥냉이에 비해 열매와 크기가 모두 크다. 유통되는 시기는 좀 더 늦어 다닥냉이의 출하시기가 거의 끝날 무렵부터 유통되기 시작한다. 절화시장의 냉이 종류는 대부분 작물로 재배되는 것이 아니라 노지에서 채취하여 유통되므로 기간이 매우 한정적이다.

30~40 cm

3~5 days

1 bunch

94 루나리아
Lunarea annua

십자화과
Brassicaceae

영명
honesty

다른이름
아누아 루나리아

꽃이 떨어진 후 달리는 열매의 형태가 매우 독특한데 껍질이 매우 투명하여 내부의 씨앗이 들여다보인다. 열매가 아름다워 꽃보다 열매를 관상하기 위해 유통된다. 우리나라에서는 잘 유통되지 않는 편이다. 간혹 완전히 건조하여 백색으로 표백된 상태로도 유통되는데 건조하면 투명도가 더 높아진다.

40~60 cm

5~7 days

1 bunch

Line ☑ Form ☐ Mass ☑ Filler ☐
View Part

95 유채
Brassica napus

십자화과
Brassicaceae

영명
rape, rapeseed

다른이름
호무우, 호무

줄기의 끝에 노란색의 화려한 꽃들이 원추 형태로 달리는데 꽃이 만개하면 꽃잎이 쉽게 떨어지므로 사용에 주의하도록 해야 한다. 줄기가 3~4일 정도 경과하면 무르기 시작하고 물이 쉽게 부패된다. 유채는 꽃이 핀 상태로 유통되기도 하지만 열매가 달린 상태나 완전히 건조된 상태로 유통되기도 한다. 건조된 후에는 표백하여 사용하는 경우가 많다.

 60~80 cm

 3~5 days

 1 bunch

루스쿠스
Ruscus hypoglossum

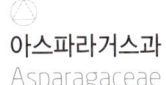
아스파라거스과
Asparagaceae

영명
ruscus

다른이름
러스커스

루스쿠스_Ruscus는 밝은 녹색과 어두운 녹색이 유통되는데, 새로 자란 새순의 경우 밝은 녹색이지만 지난해에 난 것을 채취한 경우 어두운 녹색을 띤다. 새순을 채취한 것이 형태와 색이 아름답지만 해를 넘긴 루스쿠스의 경우 좀 더 물관리가 쉽고 잘 시들지 않는다.

10~80 cm

14~21 days

5&25 stems

Line ✓ Form ☐ Mass ✓ Filler ☐

View Part

97 이탈리안 루스쿠스
Ruscus hypoglossum

 아스파라거스과
Asparagaceae

영명
Italian ruscus, smilax ruscus

다른이름
스마일락스 루스쿠스

'이탈리안 루스쿠스'는 잎이 선명하고 어두운 녹색을 띠며 잎이 다른 루스쿠스에 비해 작은 편이다. 줄기의 전체는 약간 곡선으로 휘어 자라고 쉽게 시들지 않으며, 수명도 매우 길다. 늦은 여름부터 열매가 달리기 시작하여 가을이 되면 붉은 열매가 달린 상태로 유통되기도 한다.

 40~80 cm

 14~21 days

 3~5 stems

Line (V)   Form ( )   Mass (V)   Filler ( )

View Part

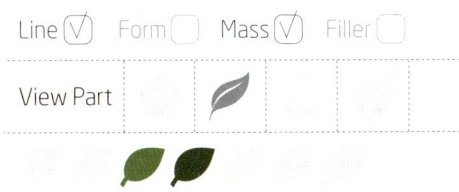

98 맥문아재비
Ophiopogon jaburan

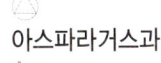
아스파라거스과
Asparagaceae

영명
lily grass, yaburan lilyturf

다른이름
호엽란

좁고 매우 긴 잎으로 부드럽게 휘어지며 자란다. 잎의 수명은 매우 긴 편이지만 탈수가 진행되면 끝부분부터 누렇게 변색된다. 흰색의 줄무늬가 있는 것과 전체가 녹색인 것이 유통되고 있으며, 절화시장에서는 '호엽란'이라는 이름을 사용하고 있다.

40~80 cm

14~21 days

15~20 stems

무늬둥굴레
Polygonatum odoratum for. *variegatum*

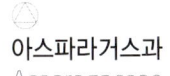
아스파라거스과
Asparagaceae

영명
angular solomon's seal

다른이름
반엽둥굴레

둥근 잎이 차례로 달리는 둥굴레 중에서 가장자리에 선명한 황색의 무늬가 있는 '종'으로 형태와 색이 모두 아름다워 다양한 용도로 사용된다. 잎의 두께가 얇고 부드러운 것은 쉽게 탈수현상을 겪거나 시들기 때문에 되도록 구매할 때는 잎이 약간 뻣뻣하고 두꺼운 느낌의 것을 선택하는 것이 좋다. 지나치게 새순 상태로 유통되는 것도 쉽게 시든다. 잎겨드랑이에서 작은 꽃이 달린 상태로 유통되는 경우도 있다.

30~60 cm

5~10 days

5&10 stems

Line (V)　Form ( )　Mass (V)　Filler ( )
View Part

스마일락스
Asparagus asparagoides

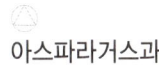 아스파라거스과
Asparagaceae

 영명
smilax, bridal creeper

 다른이름
스마일락스 아스파라거스

잎이 매우 부드럽고 섬세한 긴 덩굴성 식물이다. 잎이 섬세한 만큼 쉽게 부패되거나 변색되므로 관리에 주의해야 하는데, 물통에 담아 보관할 때는 되도록 종이 등으로 감싸는 것이 좋다. 그러나 줄기를 물에 직접적으로 넣지 않고 분무기로 분무한 후 플라스틱 백에 넣어 저온의 장소에 두어도 일정기간 신선도가 유지된다.

80~120 cm

4~7 days

5 stems

101 아스파라거스 메리이
Asparagus aethiopicus 'Meyeri'
(misapplied_ *Asparagus densiflorus*)

아스파라거스 종류에는 작고 붉은 열매가 달리는데 이 열매는 약간의 독성을 가지고 있어 먹게 되면 구토, 설사 등이 발생되기도 한다. 또한 피부접촉으로 피부염이 생기기도 한다.

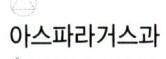
아스파라거스과
Asparagaceae

영명
foxtail fern, meyeri, myers fern

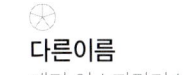
다른이름
메리 아스파라거스

전체의 형태가 마치 동물의 꼬리처럼 생겼으며, 간혹 붉은 열매가 달린 상태에서 유통되기도 한다. 매우 튼튼하게 보이지만 물올림한 후에도 작은 잎들이 잘 떨어진다. 탈수가 진행되면 잎이 황색으로 변하거나 한꺼번에 잎들이 우수수 떨어지기도 하므로 관리에 주의하도록 한다.

30~60 cm

7~10 days

5 stems

아스파라거스 미리오클라투스
Asparagus aethiopicus 'myriocladus'

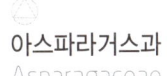
아스파라거스과
Asparagaceae

영명
ming fern asparagus

다른이름
미리오클라두스, 미리오

작은 잎들이 한 점에 뭉쳐 달리기 때문에 마치 솔잎들을 모아 둔 것처럼 보이기도 한다. 시각적으로 부드러워 보이는 질감이지만 사용하기에 따라서는 거칠어 보이게 하는 원인이 되기도 하므로 주의하여 사용하는 것이 좋으며, 줄기가 단단하여 줄기를 통한 물올림이 쉽지 않으므로 저온에 두고 잎에 직접적으로 분무해주는 것이 좋다.

30~120 cm

5~7 days

3~5 stems

Line Form Mass Filler ✓

View Part

103 아스파라거스 비르가투스
Asparagus virgatus

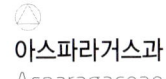
아스파라거스과
Asparagaceae

영명
tree fern, tiki fern

다른이름
글로리아 아스파라거스

아스파라거스류 중에서도 특히 섬세한 질감을 가지고 있으며. 아래로 흐르듯 자라지 않고 거의 수직이나 약간 휘어져 자란다. 물올림이 좋지 않을 경우 한꺼번에 잎이 떨어지기도 하므로 주의하는 것이 좋으나 다른 아스파라거스류에 비해서는 그 정도가 덜하다. 그러나 이것도 종이나 OPP 등으로 감싸 보관하는 것이 좋다.

40~70 cm

5~7 days

7~10 stems

104 아스파라거스 세타세우스
Asparagus setaceus
(Syn. : *Asparagus plumosus*)

Asparagus plumosus 중에서 종명에 해당되는 'plumosus'를 사용하여 '플루모서스 아스파라거스'라고 불렀으나 지금은 이명 처리되어 'Asparagus setaceus_아스파라거스 세타세우스'로 부르는 것이 옳다.

아스파라거스과
Asparagaceae

영명
plumosa fern, lace fern

다른이름
플루모서스 아스파라거스

아스파라거스 중에서 매우 대중적으로 사용되는 종류로 새의 깃털처럼 가벼운 잎들이 긴 줄기에 차례로 달린다. 건조한 환경이나 물올림이 좋지 않을 때는 작은 잎들이 누렇게 변하고 이후 우수수 쏟아지듯 떨어진다. 습도가 잘 유지될 수 있도록 관리해주는 것이 좋다.

30~120 cm

5~7 days

5~10 stems

105

아스파라거스 스프렌게리
Asparagus aethiopicus 'Sprengeri'
(misapplied_*Asparagus densiflorus*)

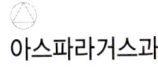
아스파라거스과
Asparagaceae

영명
sprengeri fern

다른이름
스프렌게리

작은 잎들이 달린 긴 줄기는 아래로 늘어지는 형태로 자라며. 부피도 크지만 길이역시 매우 길게 잘라 유통된다. 대부분의 '아스파라거스 속'의 식물과 마찬가지로 탈수가 진행되면 잎이 쉽게 떨어진다. 되도록 OPP 등에 감싸 습도가 유지될 수 있도록 주의해 보관해야 신선도를 유지할 수 있다.

70~120 cm

5~7 days

5~7 stems

엽란
Aspidistra elatior

엽란은 먼지가 많거나 저광도와 같은 좋지 못한 환경에서도 매우 강한 생명력을 가지고 있다. 따라서 늘 기름 램프나 석탄 등에서 발생되는 연기·먼지 등에 노출되었던 빅토리아 시대에는 엽란이 매우 선호도 높은 식물이었다.

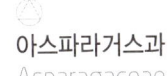
아스파라거스과
Asparagaceae

영명
cast iron plant, barroom plant

다른이름
아스피디스트라

엽란은 품종에 따라 형태와 색상의 차이가 심한데 끝부분만 색상이 다른 것(아사히 엽란), 전체에 점무늬가 분포되어 있는 것(마쿨라타 엽란), 긴 줄무늬가 있는 것, 전체가 녹색인 것 등의 품종이 흔히 유통된다. 깨끗한 물만 지속적으로 공급해 주어도 유난히 수명이 긴데, 특히 저온에 보관할 경우 한달 이상 신선도가 유지되기도 한다.

30~80 cm

14~30 days

5&10 stems

옥잠화 잎
Hosta spp.

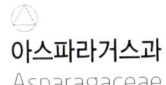
아스파라거스과
Asparagaceae

영명
plantain lily

다른이름
옥비녀꽃, 백학선

옥잠화 잎은 비비추 잎에 비해 폭이 좀 더 넓고 두꺼운 편이다. 꽃은 향기가 매우 좋으며 긴 나팔처럼 생겼다. 잎은 전체가 녹색인 것도 있지만 가장자리 부분이 흰색이나 노란색으로 무늬가 있는 것들도 있어 매우 다양하다. 잎만 유통되는 경우도 있지만 꽃과 잎이 함께 유통되기도 한다.

20~40 cm

4~7 days

5&10 stems

층층둥굴레
Polygonatum stenophyllum

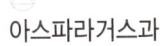
아스파라거스과
Asparagaceae

영명
scented solomon's seal

다른이름
수레둥굴레, 황정

둥굴레 중에서 키가 크고 잎줄기를 따라 잎이 층층으로 달려 형태가 매우 독특하다. 잎의 색은 반엽 없는 녹색으로 키가 큰 만큼 줄기의 끝까지 물올림이 잘 되지 않아 끝부분이 쉽게 시들기도 한다. 5월 경 출하되는 것은 수명이 비교적 짧지만 이후 6월 중순부터는 새순이 모두 굳어진 상태에서 출하되므로 수명이 길다.

60~100 cm

5~10 days

3&5 stems

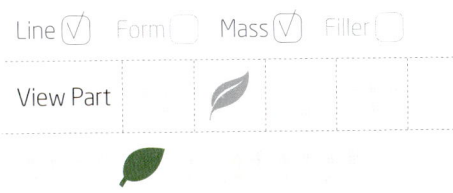

드라세나 고드세피아나
Dracaena surculosa

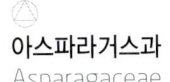
아스파라거스과
Asparagaceae

영명
dracaena

다른이름
굿드세피아(잘못 부르는 이름)

잎이 달린 줄기가 곡선으로 휘면서 자라고, 잎은 녹색으로 된 것과 반엽이 있는 종류가 있다. 다른 드라세나류에 비해 수명은 약간 짧은 편이며, 물관리가 좋지 않을 경우 잎이 쉽게 시든다. 최근에는 국내산을 거의 찾아보기 어려우며 대부분 필리핀이나 태국에서 수입되어 유통되고 있다.

30~50 cm

5~7 days

2~3 stems

Line ✓   Form ☐   Mass ✓   Filler ☐
View Part

드라세나 레인보우
Dracaena concinna 'Tricolor Rainbow'

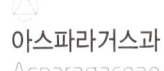 아스파라거스과
Asparagaceae

 영명
tricolor rainbow

다른이름
레인보우, 트리칼라

입이 매우 좁고 길어 줄기의 끝에 분수처럼 달려있다. 하나하나의 잎을 별도로 사용하는 경우보다 대부분의 경우에는 줄기상태로 한꺼번에 사용되며 건조되면 잎의 끝부분부터 색이 변하거나 누렇게 마른다. 약 5일 정도 지나면 잎의 끝부분이 마르기 시작한다.

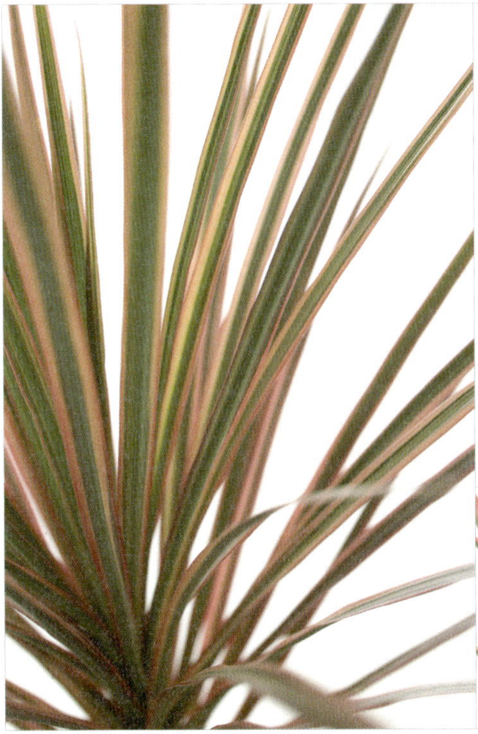

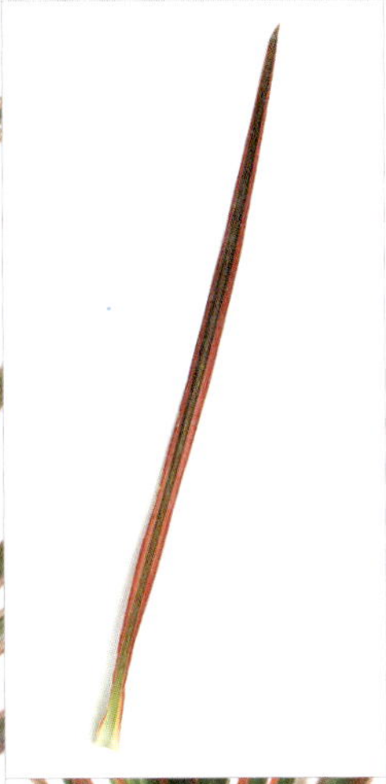

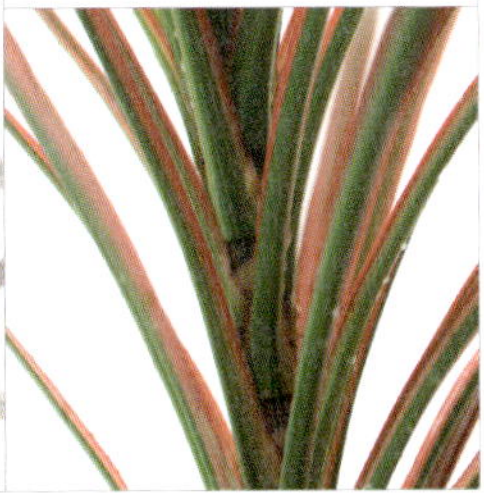

40~50 cm

5~7 days

1 stem

111 드라세나 리플렉사
Dracaena reflexa 'Variegata'

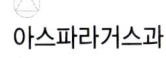
아스파라거스과
Asparagaceae

영명
malaysian dracaena, song of india

다른이름
드라세나 송오브인디아

선명한 노란색을 띤 잎의 색이 매우 아름다우며, 줄기는 약간 굽은 듯 휘며 자란다. 국내산이나 수입된 것이 함께 유통되고 다른 절지들의 경우 가격차이가 있으나 이것은 국내산과 수입의 가격차가 거의 없다. 수명이 다하면 다른 드라세나와는 다르게 줄기에서 잎이 탈리된다.

30~50 cm

7~10 days

1 stem

드라세나 산데리아나
Dracaena sanderiana

아스파라거스과
Asparagaceae

영명
ribbon dracaena, lucky bamboo

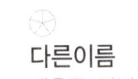
다른이름
개운죽, 만년청

'산데리아나'는 드라세나류 중에서 잎줄기가 길게 자라 선의 형태를 이룬다. 잎이 모두 밝은 녹색인 것, 녹색에 흰색 무늬가 있는 것, 녹색에 노란색 무늬가 있는 것이 주로 유통된다. 수명이 길고 물올림도 좋은 편이지만 수분 스트레스가 심할 경우 아랫부분이나 잎의 끝 부분부터 색이 누렇게 변한다.

50~60 cm

7~14 days

1 stem

113 드라세나 와네키
Dracaena deremensis 'Warneckeii'

아스파라거스과
Asparagaceae

영명
striped dracaena

다른이름
와네끼

잎에 길고 밝은 녹색의 줄무늬가 있으며 광택이 있다. 드라세나류 중에서 흔히 사용되는 종류로 특별히 관리하지 않아도 수명이 긴 편이다. 축하 화환이나 근조 용도로 많이 사용되고 있으며, 5대씩 한 묶음으로 유통된다. 한 줄기씩 구매할 수 있지만 다섯 줄기 단위로 구매하는 것이 좀 더 저렴하다.

20~40 cm

7~14 days

1&5 stems

Line ☐ Form ☑ Mass ☐ Filler ☐

View Part

산세베리아
Sansevieria spp.

아스파라거스과
Asparagaceae

영명
devil's tongue, snake plant

다른이름
산세비에리아

분화용으로 많이 사용되는 다육식물로 물을 좋아하지 않기 때문에 되도록 최소한의 부위만 물에 닿도록 하는 것이 좋으며, 물에 넣지 않아도 오랫동안 신선도를 유지할 수 있다. 물에 담그지 않고 물 없는 상태의 통에 넣어 관리한다. 최근에는 유통이 점차 줄어들고 있다.

40~60 cm

21~30 days

5 stems

115 코르딜리네
Cordyline terminalis 'Aichiaka'

코르딜리네의 잎은 폴리네시아에서 훌라 스커트를 만들 때 사용되기도 하며, 고대 하와이에서는 '행운'을 상징하는 식물이었다. 영어권 나라에서 'good luck plant'라는 이름으로 부르는 것도 여기에서 유래되었다.

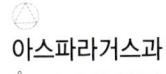

아스파라거스과
Asparagaceae

영명
red dracaenam, palm lily

다른이름
홍죽, 천년죽

잎의 색은 자주색, 흑색 등이 섞여 있으며, 폭은 약 7cm 내외이고 길이는 20~30cm 내외이다. 유통되는 것들은 하나의 줄기에 보통 5~10장 내외의 잎이 붙어있다. '홍죽_Cordyline terminalis'의 한 종인 '아이차카' 라는 이름으로 절화시장에서 유통되기도 한다.

30~50 cm

7~14 days

1 stem

코르딜리네 레드에지
Cordyline fruticosa 'Red Edge'

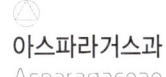
아스파라거스과
Asparagaceae

영명
good luck plant, red dracaenam

다른이름
레드에지

잎의 색이 붉은빛을 띠며 아름다워 꽃꽂이용으로 많이 사용된다. 코르딜리네 종류 중에서 잎이 좁고 작은 편이며 물 관리도 비교적 쉬운 편이다. 다른 코르딜리네에 비해 수명이 비교적 길다.

30~50 cm

7~14 days

1 stem

117 코르딜리네 엑소티카
Cordyline fruticosa 'Exotica'

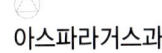
아스파라거스과
Asparagaceae

영명
good luck plant, draca palm

다른이름
코르딜리네 프루티코사 엑소티카

줄기를 따라 지속적으로 잎이 달리다가 아랫부분의 잎은 시간이 지나면서 떨어져 줄기만 남기 때문에 원산지에서 보면 마치 야자나무처럼 보이기도 한다. 우리나라에서는 1~2m 정도 크기의 분화 상태로 유통되기도 하지만 끝부분만 잘라 절엽으로 유통되기도 한다. 다양한 색상과 형태가 유통되어 절화시장에서는 거의 연중 구입할 수 있다.

30~50 cm

7~14 days

1 stem

목화
Gossypium indicum

아욱과
Malvaceae

영명
tree cotton

다른이름
면화, 미영, 멘네, 초면

목화는 본래 섬유작물로 중국에서 들여온 것이다. 꽃은 같은 아욱과의 무궁화와도 비슷하고 대부분 열매가 터져 흰색의 솜이 밖으로 드러나기 시작하면 잘라 유통되는데 건조된 상태로 유통하면 거의 일년 내 보관이 가능하기 때문에 대부분 건조하여 판매한다. 최근에는 국내산은 거의 찾아보기 어려우며 중국이나 이스라엘에서 한 줄기씩 포장되어 수입 유통되고 있다.

50~60 cm

20 days over

1 stem

공작야자
Caryota urens

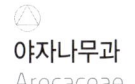
야자나무과
Arecaceae

영명
solitary fishtail palm, toddy palm

다른이름
카리요타

작은 잎들이 붙어 구성된 큰 잎의 형태가 마치 공작 꼬리와도 비슷하여 '공작야자'라 부른다. 크기가 매우 크며 수명도 긴 편이지만 건조하면 작은 잎들이 황색으로 변한다. 분화로는 흔히 유통되고 있지만 절엽으로 잘라 유통되는 양은 매우 작고 기간도 한정적이다.

60~100 cm

7~10 days

1 stem

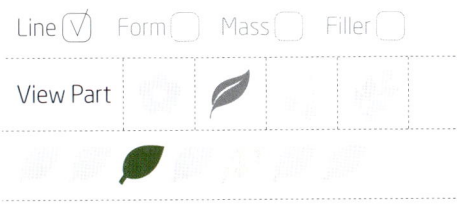

당종려
Trachycarpus fortunei 'Wagnerianus'

야자나무과
Arecaceae

영명
fortune palm

다른이름
도시루

줄기의 끝에서 부채처럼 생긴 잎들이 모여 달리는데 잎은 두껍고 뻣뻣하지만 부채처럼 순차적으로 주름이 있다. 경조사용 화환에 많이 사용되었으며 수명이 길지만 최근에는 인조화로 대체되어 잘 사용되지 않고 있다. 교회의 절기 중 '종려주일'에 사용되는 경우가 많다.

30~70 cm

10~14 days

10 stems

아레카야자
Dypsis lutescens
(syn. *Areca lutescens*)

야자나무과
Arecaceae

영명
golden cane palm, butterfly palm

다른이름
황야자

다른 야자류에 비해 줄기가 비교적 가늘고 잎도 부드럽다. 건조한 환경에서는 잎이 뒤틀리듯 말리므로 건조하지 않도록 주의하도록 한다. 유통기간이 매우 짧다.

60~120 cm

5~7 days

1 bunch

122 테이블야자
Chamaedorea elegans

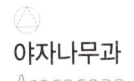
야자나무과
Arecaceae

영명
neanthe bella palm, parlour palm

다른이름
엘레간 야자

크기가 매우 작은 소형종이기 때문에 테이블야자라는 이름으로 더 잘 알려져 있다. 본래 분화용으로 많이 사용되었으나 최근에는 꽃꽂이용으로 잘라 유통되기도 한다. 아레카야자에 비해 크기는 많이 작지만 잎은 오히려 두꺼워 수분 스트레스가 적은편이다. 잎만 잘라 유통되는 경우 보다 뿌리만 정리 된 포기 상태로 단을 묶어 판매되는 경우가 많다.

30~60 cm

5~7 days

2~3 stems

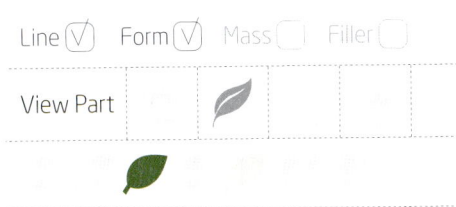

안개나무
Cotinus coggygria
(syn. : *Rhus cotinus*)

옻나무과
Anacardiaceae

영명
eurasian smoke-tree, smoke tree

다른이름
스모그 트리

꽃이 핀 후 나무 전체가 마치 안개가 낀 것처럼 보여 '안개나무'라 부른다. 둥근 잎이 달린 가지 끝에 안개처럼 보송보송한 느낌을 주는 꽃들이 솜사탕처럼 달린다. 물올림이 잘 되지 않아 수명이 길지는 않지만 건조한 후에도 사용할 수 있다.

40~60 cm

4~7 days

2~3 stems

으름덩굴
Akebia quinata

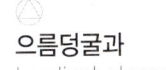
으름덩굴과
Lardizabalaceae

영명
five-leaf akebia, chocolate vine

다른이름
으름, 목통

아름다운 곡선이 돋보이는 줄기에 손바닥처럼 생긴 잎들이 달려있다. 열매로 인하여 '으름덩굴'이라는 이름이 붙었지만 열매는 달리지 않은 상태에서 유통된다. 보통의 경우 4~5일 정도 지나면 잎이 시들지만 그 전에도 수분관리가 잘못 되면 잎이 쉽게 시들게 되므로 주의하도록 한다.

80~100 cm

5~7 days

2~3 stems

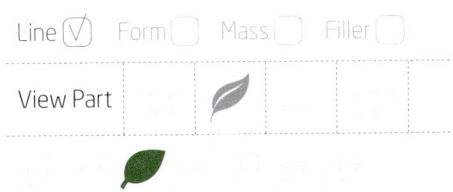

125 심포리카르포스
Symphoricarpos albus

인동과
Caprifoliacea

영명
snowberry

다른이름
스노베리

줄기에 다닥다닥 붙은 열매가 매우 아름다운 식물이다. 대부분 수입되어 유통되고 있으며 품종에 따라 열매의 색이 다양하다. 그러나 쉽게 시들고 물관리가 어렵다. 수입과 국내산이 함께 유통되며, 초기에는 수입에 의존하였으나 최근 국내산 재배가 활발해지고 있다. 국내산은 백색과 흐린 분홍색이 유통된다.

60~80 cm

4~10 days

1 bunch

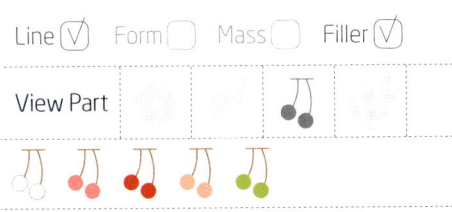

126 산호수
Ardisia pusilla

자금우과
Myrsinaceae

영명
coralberry, marlberry

다른이름

둥근 타원형의 잎의 가장자리에는 톱니가 있으며, 늘어져 자라는 줄기의 중간에 붉은 열매가 달린다. 분화용으로 사용되는 경우가 대부분이지만 분화의 공급이 과도하게 많을 경우, 절엽으로 판매되기도 한다. 유통 기간은 길지 않지만 잎이나 열매가 아름다워 디자인에 적용하기 좋은 식물이다.

20~30 cm

14~21 days

1 bunch

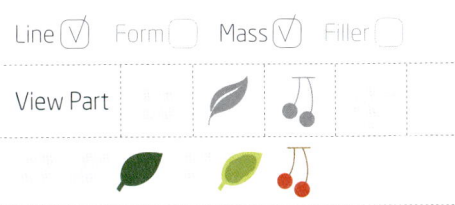
Line (V) Form ( ) Mass (V) Filler ( )
View Part

127 자금우
Ardisia japonica

자금우과
Myrsinaceae

영명
marlberry

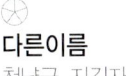
다른이름
천냥금, 지길자

'자금우'는 산호수에 비해 전체의 길이가 짧고 잎은 좀 더 좁고 긴 편이다. 전체 크기가 매우 작고 분화로서의 소비성이 높기 때문에 절화로 유통되는 것은 매우 한정적인 양에 머무르고 있다.

20 cm under

14~21 days

1 bunch

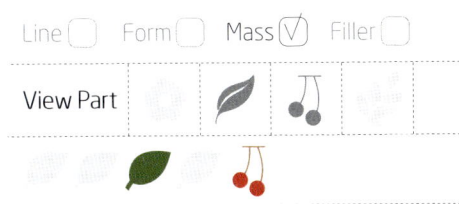

미국자리공
Phytolacca americana

자리공과
Phytolaccaceae

영명
virginia poke, ink plant

다른이름
장록, 장녹수(잘못 부르는 이름)

미국자리공은 북아메리카 원산의 식물이지만 지금은 우리나라의 전역에서 볼 수 있는 식물로 줄기의 선과 열매의 색이 아름다워 꽃꽂이용으로도 많이 사용되고 있다. 줄기는 부드러워 끝부분은 잘 부러지지만 물올림은 좋은 편이다. 그러나 완전히 익은 열매는 쉽게 터지고 잉크처럼 잘 묻어나기 때문에 디자인에 사용할 때는 매우 주의해야 한다.

80~120 cm

4~7 days

2~3 stems

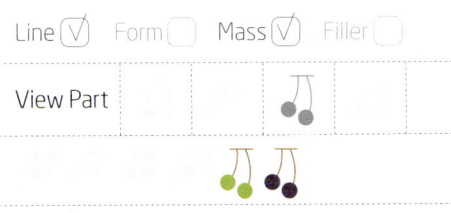

오리나무
Alnus incana var. *sibirica*

자작나무과
Betulaceae

영명
manchurian alder, siberian alder

다른이름
오리목, 물오리나무

열매가 줄기에 다닥다닥 달리는데 열매가 아름다워 많이 사용된다. 열매는 녹색일 때와 완전히 갈색으로 변한 상태일 때 모두 유통되지만 녹색일 때는 끈적거리는 진액이 나오므로 사용에 주의하도록 해야 하며, 갈색일 때는 물에 담그지 않고 보관하는 것이 좋다. 서양란처럼 장시간 관상이 가능한 분화류와 함께 장식되는 경우가 많고 건조가 가능하므로 크리스마스 시즌에는 건조 후 염색하여 유통되기도 한다.

60~80 cm

21~30 days

2~3 stems

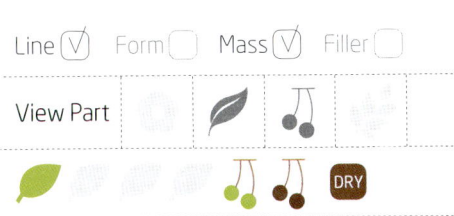

130 스틸그라스
Xanthorrhoea johnsonii

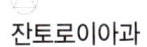

잔토로이아과
Xanthorrhoeaceae

영명
steel grass, grass tree, spear grass

다른이름
스틸그래스, 그래스트리

가늘고 매우 긴 선 형태를 유지하고 있으며, 수명이 매우 긴 편이지만 약 2주 후 부터는 끝부분부터 아래로 검게 변하기 시작한다. 끝 부분은 부드러워 비교적 잘 휘어지지만 아래로 갈수록 탄성이 줄어들어 휘기보다는 부러지는 경우가 많다. 우리나라에서 생산되지 않고 모두 수입품에 의존하고 있다.

80~120 cm

14~21 days

20~30 stems

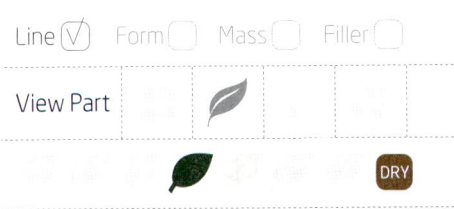

다정큼나무
Raphiolepis indica var. *umbellata*

장미과
Rosaceae

영명
indian hawthorn, india hawthorn

다른이름
춘화목

우리나라의 남부에서 자라는 수목으로 잎은 둥글고 검은 열매가 달린다. 잎만 달린 상태로 출하되다가 검은 열매가 달려 절화시장에서 판매되는데, 열매가 달리기 시작하면 잎의 양과 품질이 점차 낮아진다. 물올림은 좋은 편이며, 관리도 까다롭지 않다.

80~100 cm

7~14 days

2~3 stems

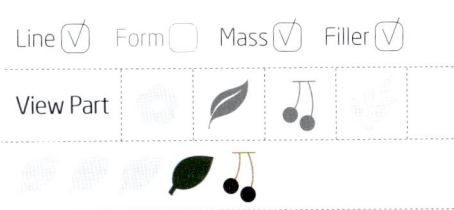

마가목
Sorbus commixta

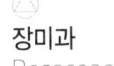

장미과
Rosaceae

영명
Japanese rowan, mountoin ash

다른이름
은빛마가목

새순이 난 상태와 열매가 달린 상태로 출하되어 이른 봄과 초여름에 시중에서 유통된다. 열매는 녹색으로 달려 유통되기 시작하여 주황색으로 익은 후까지 볼 수 있다. 열매는 줄기의 끝부분에 달리므로 물올림이 좋지 못할 경우 열매나 잎이 쉽게 시들기도 한다. 열매가 녹색인 상태로 유통될 경우 잎이 붙어 있는 상태로 출하되며, 가을에 열매가 붉게 익으면 잎을 모두 제거한 후 출하된다. 수명이 특히 길고 열매는 주황과 빨강이 있다.

60~80 cm

7~14 days

2~3 stems

배나무
Pyrus pyrifolia var. *culta*

장미과
Rosaceae

영명
asian pear, pear tree

다른이름
일본배

백색의 꽃이 아름다워 꽃봉오리가 달리면 시중에 유통되며, 대부분 새로 난 줄기를 자르기 때문에 줄기는 매끈한 편이다. 그러나 꽃이 아름다운데 비해 향기는 그다지 좋지 않다. 개화한 후 향기가 좋지 않아 점차 소비성이 낮아지고 있다.

80~100 cm

5~7 days

1 bunch

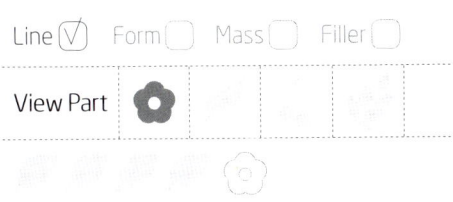

134 복사나무
Prunus persica

장미과
Rosaceae

영명
peach

다른이름
복사꽃, 봉숭아꽃, 복숭아나무

연분홍색의 꽃이 매우 아름다워 봄철에 많이 사용된다. 산수유나 설유화, 개나리 등의 봄꽃에 비해 약간 늦게 시중에 유통되며, 꽃봉오리에 화색이 살짝 보이는 정도에서 유통된다. 꽃이 만개한 후에는 모두 떨어진다.

80~100 cm

4~7 days

3~5 stems

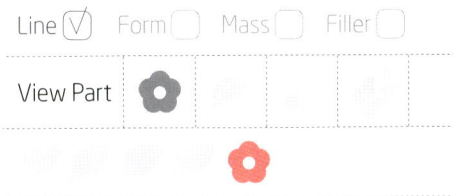

비파나무
Eriobotrya japonica

장미과
Rosaceae

영명
loquat, Japanese medlar

다른이름
비파낭, 비아

잎이 크고 앞면과 뒷면의 색이 다른 식물이다. 점차 유통이 줄어들고 있는 종류로 맛있는 열매가 맺힌다. 잎은 폭이 약 5~7, 길이가 20cm 정도로 크고 잎맥 부분에 약간의 굴곡이 있다. 전체는 약간의 작은 섬모로 덮여 있으며 줄기는 두껍다.

80~100 cm

7~14 days

2~3 stems

Line [V] Form [V] Mass [ ] Filler [ ]
View Part

산당화
Chaenomeles lagenaria

장미과
Rosaceae

영명
ornamental quince

다른이름
명자꽃, 명자나무, 아가씨나무

산당화는 다른 봄꽃과 마찬가지로 모체에서 잘라 따뜻한 장소에 보관하여 개화를 촉진시킨 후 유통되고 있다. 따라서 꽃이 피지 않는 1월부터 이른 봄철에 많이 유통되고 있으며, 꽃과 줄기의 선이 매우 아름답다. 구매할 때는 봉오리에 꽃 색이 약간만 보이는 상태를 선택하여도 꽃이 잘 피는 편이다. 가시가 많은 것과 적은 종류가 있으며, 가시가 많은 품종의 꽃은 연한 분홍색이나 붉은 빛이 명확하고 가시가 적은 품종은 어두운 자주색을 띤다. 간혹 백색이 유통되기도 한다.

60~100 cm

14~21 days

2~3 stems

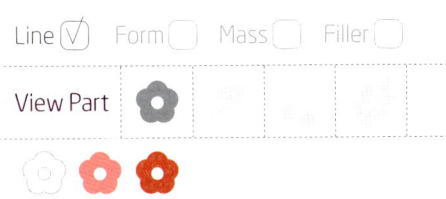

137 쉬땅나무
Sorbaria sorbifolia

장미과
Rosaceae

 영명
false spiraea, appleberry

 다른이름
개쉬땅나무, 진주매, 신지매(잘못 부르는 이름)

꽃이 피기 전 봉오리 상태에서는 마치 작은 진주알들이 하나 가득 달린 것처럼 보이는 쉬땅나무는 꽃이 안개가 핀 것처럼 매우 아름답지만 꽃이 핀 후에는 꽃잎들이 잘 떨어지는 편이다. 더운 곳에 두거나 물관리가 좋지 않으면 꽃이 피지 않고 진주알 같은 봉오리가 끝부분부터 검은색으로 변하기도 하므로 주의하도록 한다. 지나치게 봉오리 상태로 구입할 경우 개화하지 않고 검게 변한다. 호텔웨딩에서 많이 사용되는 소재들 중 하나이다.

앵두나무
Prunus tomentosa

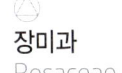
장미과
Rosaceae

영명
nanking cherry, Chinese bus

다른이름
앵도나무

절화시장에서 판매되는 앵두나무의 줄기는 곧고 가지의 분지가 거의 없는 것들이 많으며, 판매량도 많지 않다. 이것은 꽃의 선호도가 높은 왕벚꽃과 앵두나무의 유통 시기가 거의 비슷하여 앵두나무의 선호도가 더욱 적기 때문이다.

80~100 cm

4~7 days

1 bunch

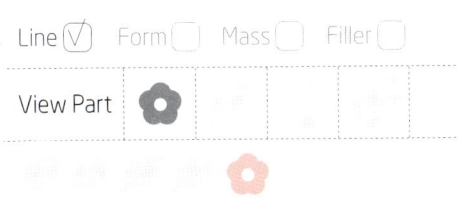

139 오이풀
sanguisorba officinalis

장미과
Rosaceae

영명
great burnet

다른이름
지유

우리나라의 산과 들에서 자라는 야생화로 짧은 기간 동안 잘라서 시중에 유통되고 있다. 그러나 오이풀 한 가지만 유통되지 않고 대부분 마타리와 함께 묶여 판매되고 있다. 꽃이삭이 타원형의 어두운 자주색을 띠고 있으며 줄기는 매끈한 편이다.

80~100 cm

4~7 days

8~10 stems

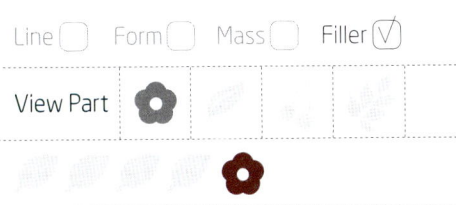

옥매
Prunus glandulosa for. *albiplena*

장미과
Rosaceae

영명
dwarf flowering cherry

다른이름
만첩옥매

가지는 잘 갈라지지 않으며, 작은 겹꽃이 줄기를 따라 다닥다닥 붙어 핀다. 꽃이 핀 후 수명이 길지 않아 쉽게 시들기 때문에 피지 않은 봉오리 상태의 것을 구매하는 것이 좋다. 만개한 후에는 꽃잎이 매우 쉽게 떨어지거나 검게 변한다. 물에 담아 두면 다른 절지에 비해 쉽게 부패되는 편이다.

100~120 cm

4~7 days

1 bunch

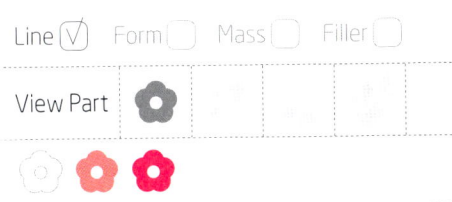

141 왕벚나무
Prunus yedoensis

장미과
Rosaceae

영명
yoshino cherry

다른이름
왕벚나무, 사꾸라, 큰벚꽃나무

화사한 분홍색의 꽃이 아름다우며, 꽃이 피면서 잎도 자라 꽃과 잎의 색 조화가 아름답다. 그러나 꽃이 지면서 색이 지저분하게 변한다. 하우스에서 강제로 개화시킨 경우 꽃 색이 거의 백색에 가깝고 노지에서 재배한 것의 경우 연한 분홍색을 띤다. 다른 봄꽃과는 다르게 하우스에서 강제로 개화시킨 경우 노지에서 채화한 것에 비해 수명차이가 매우 커서 수명이 반 정도 밖에 되지 못한다.

80~100 cm

4~7 days

3~5 stems

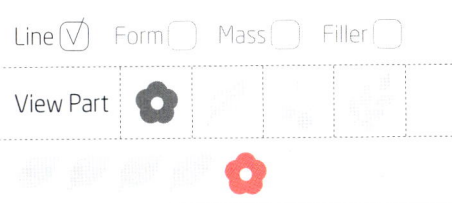

142 조팝나무
Spiraea prunifolia for. *simpliciflora*

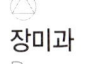
장미과
Rosaceae

영명
spirea, bridal wreath flowers

다른이름
홑조팝나무, 설유화

시중에서는 '설유화'라는 이름으로 유통되지만 정확하게는 '조팝나무'라고 부르는 것이 옳다. 백색의 작고 아름다운 꽃들이 줄기를 따라 다닥다닥 붙어 피는데 줄기는 부드러운 곡선으로 되어 있다. 꽃이 지면서 잎이 나기 때문에 꽃이 핀 상태에서는 잎을 보기 어렵다. 염색약을 물을 매개로 침투시켜 유통되기도 한다.

80~120 cm

4~7 days

1 bunch

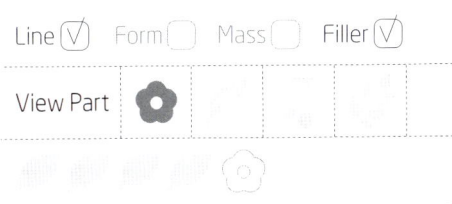

143 만첩조팝나무
Spiraea prunifolia

장미과
Rosaceae

영명
double flower bridal wreath

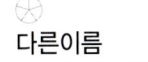
다른이름
겹조팝나무, 겹설유화

다른 조팝 종류에 비해 시중 유통이 매우 적어 전체 조팝 종류의 유통의 5% 미만으로 유통된다. 꽃이 매우 크고 겹꽃이라 화려하지만 하나의 줄기에 꽃이 많이 달린데 비해 채화된 후 양분의 공급은 원활하지 못하므로 전체가 모두 개화하지 못하고 받침에서 탈리되는 경우가 많다.

80~100 cm

4~7 days

1 bunch

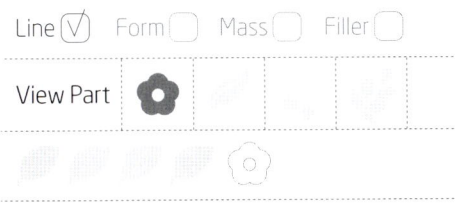

144 공조팝나무
Spiraea cantoniensis

장미과
Rosaceae

영명
reeves spiraea

다른이름
참조팝나무

조팝나무들 중에 꽃이 둥근 공처럼 모여 달려 '공조팝나무'라 부르지만 꽃시장에서는 '조팝나무'라 부른다. 꽃이 줄기를 따라 풍성하게 달려 매우 화려한 편이지만 물올림이 잘 되지 않을 경우 쉽게 시든다. 다른 봄꽃과는 다르게 노지에 심어진 상태 그대로 비닐 온실 처리하여 꽃의 개화시기를 앞당긴다. 자른 후에는 양분 없이 물로만 개화시기를 앞당길 수 없는 식물이다. 개화를 앞당겨 출하될 경우 가격이 매우 비싸고 상대적으로 자연 개화된 것들은 가격이 1/3 정도로 낮아진다. 보통 2월 중순부터 시중에 유통되기 시작하며 5월 어버이날 시즌 정도까지 출하된다.

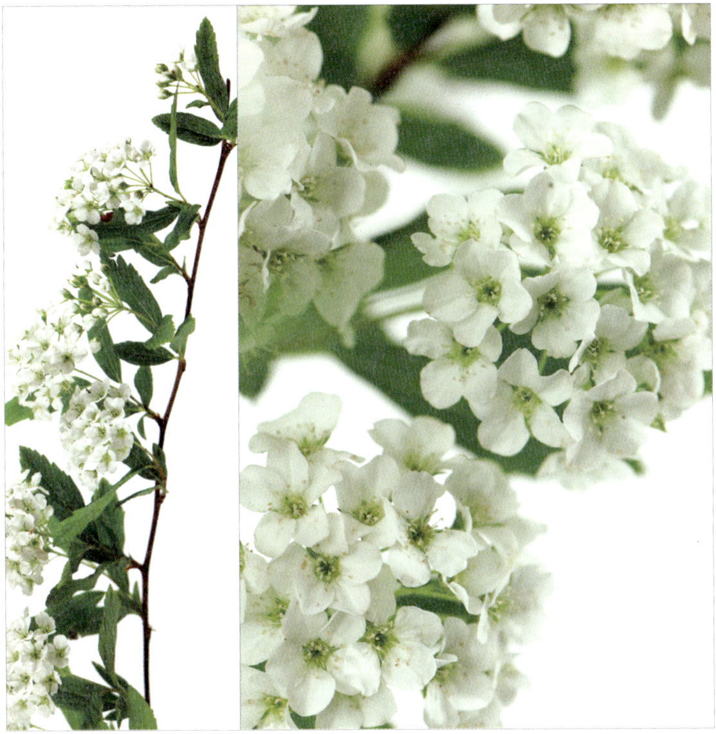

80~100 cm

4~7 days

1 bunch

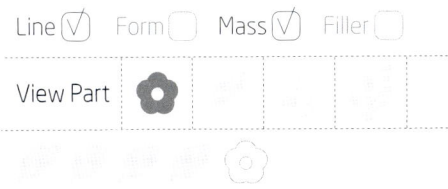

145 꼬리조팝나무
Spiraea salicifolia

장미과
Rosaceae

영명
tail spirea

다른이름

분홍색의 작은 꽃들이 줄기 끝에서 원추형태로 모여 핀다. 화서 전체의 형태가 마치 꼬리처럼 보여 '꼬리조팝나무'라는 이름이 붙었다. 물올림은 잘 되는 편이지만 물 관리가 좋지 않아 수분 스트레스가 심해지면 꽃들의 색이 변하거나 쉽게 시든다.

80~100 cm

5~7 days

1 bunch

찔레꽃나무
Rosa multiflora

 **장미과**
Rosacea

영명
multiflora rose, baby rose

다른이름
찔레나무

꽃이 핀 상태에서는 잘 유통되지 않고 열매가 달린 상태로 유통된다. 9월경에는 녹색 열매로 유통되다가 10월부터 적색으로 변하기 시작한다. 가시가 많고 줄기는 곡선으로 휘며 자라는데, 열매는 건조된 후에도 떨어지지 않지만 쭈글쭈글하게 변한다.

 80~100 cm

 14~21 days

 2~3 stems

피라칸타
Pyracantha angustifolia

장미과
Rosaceae

영명
angustifolius firethorn, narrowleaf firethorn

다른이름
피라칸다, 피라칸서스

줄기를 따라 작은 열매가 다닥다닥 붙어 있으며 열매의 색은 노랑, 주황, 빨강의 색이 있다. 가시가 매우 심해 예전에 비해 소비성이 낮아 유통이 점차 줄어들고 있으며 시간이 지나면서 열매가 매우 심하게 떨어진다.

60~80 cm

4~7 days

1 stem
1 bunch

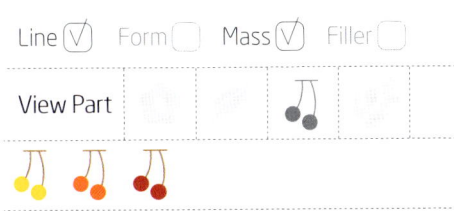
Line ✓ Form ☐ Mass ✓ Filler ☐
View Part

홍가시나무
Photinia glabra

장미과
Rosaceae

영명
Japanese photinia, red leaf photinia

다른이름
홍가시, 붉은순나무

줄기 끝부분의 잎은 선명한 붉은색을 띠며, 약간의 광택이 있다. 새로 자란 순은 물관리가 좋지 않을 경우 쉽게 시든다. 여름과 가을에 유통되며, 여름의 것은 가을에 유통되는 것에 비해 수명이 짧고 색도 명확하게 붉은 색을 띠지 않는다. 그러나 그에 비해 가을에 유통되는 것은 선명한 자주색을 띤다.

80~100 cm

5~7 days

3~5 stems

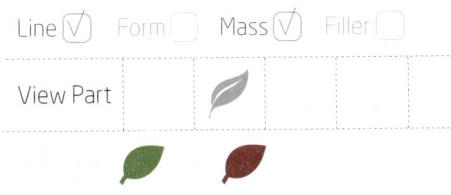

잎새란
Phormium 'Variegatum'

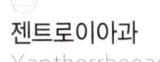
젠트로이아과
Xanthorrhoeaceae

영명
new zealand flax

다른이름
플렉스

폭은 좁지만 두께가 두껍고 광택이 있는 선 형태의 긴 잎으로 중심에는 명확하고 두꺼운 맥이 있다. 잎의 두께가 두꺼운 것에 비해 얇고 부드러운 새순의 경우 쉽게 잎 끝이 마르거나 색이 변하므로 구매할 때 주의하도록 한다. 내륙지방에서 재배되는 것은 잎이 부드러운데 비해 제주도에서 재배되는 것은 잎이 매우 단단하고 15~20cm 정도 더 짧다. 내륙에서 재배되는 것은 연중 생산되지만 제주도에서 재배되는 것은 늦은 봄에서 여름까지 약 2개월 정도 생산된다.

80~100 cm

10~14 days

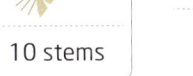
10 stems

비자나무
Torreya nucifera

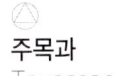
주목과
Taxaceae

영명
kaya, Japanese nutmeg-yew

다른이름

사철 푸른 상록성 침엽수로 가는 잎이 두 줄로 마주 달리는데 잎의 배열이 한자의 '아닐 비_非'처럼 생겨 '비자나무'라 부른다고 한다. 둥근 열매가 달리지만 화훼용으로 사용되는 것은 대부분 열매 없이 유통되고 있으며, 특히 푸른 잎이 귀한 겨울철에 많이 사용된다.

80~100 cm

14~21 days

1 bunch

Line ✓ Form ☐ Mass ✓ Filler ☐

View Part

151 로즈제라늄
Pelargonium capitatum

속명의 'Pelargonium'은 그리스어의 '황새_pelargos'에서 유래된 말로 열매가 마치 새의 부리처럼 길쭉하여 유래된 이름이다.

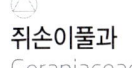
쥐손이풀과
Geraniaceae

영명
rose geranium, rose pelargonium

다른이름
구문초

로즈 제라니움은 식물체 전체에 가는 털이 있으며, 향기가 강한 허브식물로도 잘 알려져 있다. 독특한 향기는 모기나 벌레가 싫어한다고 하여 우리나라에서는 '구문초'라는 이름으로 부르기도 하는데, 절화용으로 사용해도 좋다. 일본의 경우 절화용으로 매우 많이 사용하는 소재이지만 우리나라에서는 아직 사용이 많지 않다. 탈수현상을 겪지 않도록 물올림에 주의하고 잎에 물에 닿지 않도록 보관해야 한다.

30~50 cm

4~7 days

2~3 stems

152 레몬잎
Gaultheria shallon

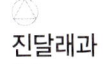
진달래과
Ericaceae

영명
lemon leaf, gaultheria, salal, shallon

다른이름
살라스

끝이 뾰족한 타원형의 잎으로 겉면은 약간의 광택이 있지만 뒷면은 광택 없이 색이 흐리다. 특별히 물 관리를 하지 않아도 수명이 길다. 박스에 담아 냉장 보관할 경우 물 없이도 장시간 보관할 수 있다. 전량 수입에 의존하고 있는 품목으로 최근 일부 품종에 한해 국내에서 재배가 시도되고 있다. 그러나 아직까지 출하량이 거의 없어 대부분 수입되어 유통된다고 생각할 수 있으며, 수입되는 절엽이나 절지들 중에 가장 대중적인 품목이다.

30~60 cm

21~30 days

1 bunch

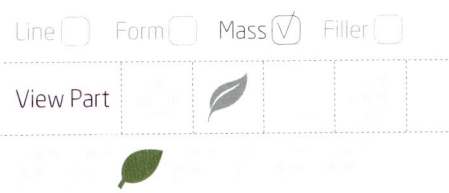

연산홍
Rhododendron indicum

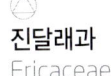
진달래과
Ericaceae

영명
azalea

다른이름
아잘레아, 연산홍

꽃이 있는 상태일 때 출하되기도 하지만 잎만 있는 상태로도 많이 사용되는 나무소재이다. 유통되는 종이 비교적 많아 잎이 넓은 것이나 작은 것 등 다양하다. 가을철에는 스프레이를 통해 잎을 염색하여 유통하는 대표적 절지식물이다. 물올림은 비교적 좋은 편이며, 철쭉이나 진달래와는 다르게 꽃이 있는 상태에서는 잘 유통되지 않고 대부분 잎 관상을 위주로 유통된다. 꽃이 달린 상태의 것은 전체 연산홍 유통의 약 30% 미만밖에 되지 않는다.

80~100 cm

7~14 days

3~5 stems

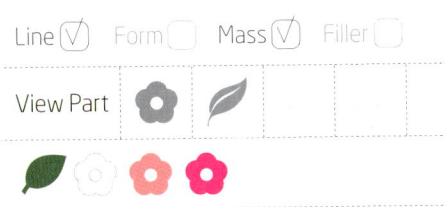

정금나무
Vaccinium oldhamii

진달래과
Ericaceae

영명
oldham blueberry

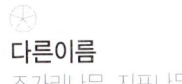
다른이름
조가리나무, 지포나무

잎은 봄철에 약간의 붉은빛을 띠다가 여름이 되면 선명한 녹색으로 변한다. 잎의 붉은빛이 아름다워 선명한 녹색 잎일 때는 잘 유통되지 않는다. 줄기의 선이 매우 아름다우며, 간혹 열매가 달린 것도 있다.

80~100 cm

7~10 days

2~3 stems

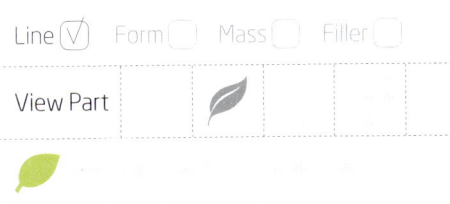

155 철쭉
Rhododendron schlippenbachii

진달래과
Ericaceae

영명
royal azalea

다른이름
개꽃나무. 참철쭉

진달래와 꽃이 비슷하지만 진달래보다 꽃색이 약간 흐리고 중심에 선명한 점이 있다. 꽃이 달린 상태로 유통되지만 꽃이 진 후 잎만 있는 상태로 출하되기도 한다. 꽃의 경우 수명이 약 4~7일 정도 유지되지만 잎만 달린 상태에서는 7~14일 정도의 더 긴 기간 동안 신선도가 유지된다. 인조목을 위한 재료로 가장 많이 사용하는 품목으로 키가 작은 상태의 절지는 착색한 후 크리스마스 겨울 품목으로도 많이 유통된다.

60~80 cm

7~14 days

2~3 stems

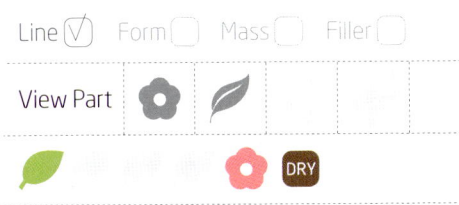

동백나무
Camellia japonica

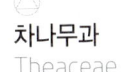
차나무과
Theaceae

영명
camellia, Japanese camellia

다른이름
동백, 뜰동백나무

꽃이 있는 상태와 꽃 없이 잎만 있는 상태로 유통되지만 크리스마스 시즌에는 페인트처리한 가지를 판매하기도 한다. 잎은 광택이 있어 매우 반짝거리고 수명도 길어 과거에는 잎만 있는 상태로도 유통이 많았지만 최근에는 꽃이 달려 있는 상태이거나 꽃사과를 줄기의 끝에 꽂아 유통되는 경우가 많다.

80~100 cm

7~10 days

3~5 stems

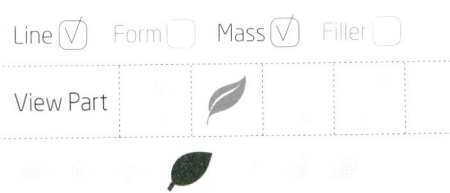

157 사스레피나무
Eurya japonica

차나무과
Theaceae

영명
Japanese eurya

다른이름
무치러기나무, 세푸랑나무, 가새목, 청지목(유통명)

시중에서 청지목이라는 이름으로 대부분 유통되고 있으며, 화환이나 근조용으로 가장 많이 사용되고 있다. 국내 유통되는 양의 95% 정도가 전라남도나 제주에서 출하된다. 냉해의 피해가 거의 없어서 유통되는 과정에서 대부분 노지에 적체하는 경우가 많다. 봄철의 모내기 시기와 추수기에는 농번기이므로 작업량이 매우 적어 유통되는 양이 적다.

80~100 cm

14~21 days

1 bunch

너도밤나무
Fagus engleriana

 참나무과 Fagaceae   영명 Japanese beech 다른이름

작은 열매들이 줄기에 달리는데 열매를 관상하기 위해 열매가 달린 상태로 잎은 대부분 제거하고 유통되는 경우가 많다. 열매는 녹색일 때도 유통되지만 붉게 익은 후에도 유통된다. 다른 열매에 비해 열매의 탄력이 장시간 유지되고 수명이 다한 후에도 열매가 떨어지지 않고 그대로 마른다.

 80~100 cm
 14~21 days
 3~5 stems
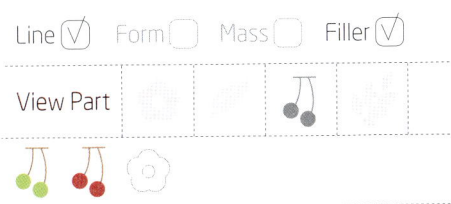

신갈나무
Quercus mongolica

잎의 끝부분이 넓어 신발의 밑창으로 깔기에 좋았다고 하여 신발에 까는 나무라는 의미의 '신깔나무'에서 유래된 이름이라 한다.

참나무과
Fagaceae

영명
mongolian oak

다른이름
돌참나무, 신깔나무

떡갈나무, 졸참나무, 상수리나무 등과 함께 우리나라의 전역에서 볼 수 있는 신갈나무는 잎이 크고 풍성하지만 줄기에 비해 잎이 많고 두껍지 않아 쉽게 탈수현상을 겪는다. 잎은 쉽게 건조되거나 뒤틀리기 때문에 장시간 풍성한 잎 모두 신선도를 유지해야 하는 디자인이라면 사용을 자제하는 것이 좋다.

80~100 cm

5~10 days

2~3 stems

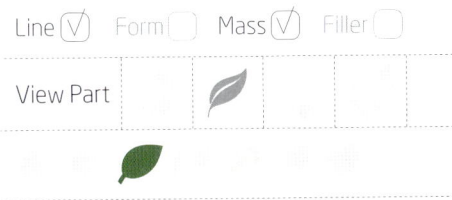

무늬 석창포
Acorus gramineus 'Variegatus'

'석창포_Acorus 속' 식물은 본래 '천남성과_Araceae'로 분류되던 식물이었으나 APG 체계에서 '창포과_Acoraceae'로 재분류 되었다.

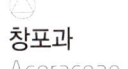
창포과
Acoraceae

영명
dwarf sedge, Japanese rush

다른이름
무늬 수검초, 창초, 창본

석창포는 물을 매우 좋아하는 식물로 뿌리줄기가 옆으로 뻗으며 자란다. 뿌리줄기의 마디에서 싹이 나기 때문에 마치 부채를 좁게 펼쳐둔 것처럼 보이는데, 필요한 만큼 마디를 잘라 사용할 수 있다. 전체가 녹색인 것과 줄무늬가 있는 무늬종이 있지만 절화용으로는 관상가치가 높은 무늬종이 유통되는 경우가 많다. 물에 뿌리줄기가 닿기만 하면 수명이 매우 길게 유지되고 수분 스트레스도 거의 없는 편이다.

20~40 cm

7~21 days

1~2 stems

Line ✓ Form Mass Filler
View Part

디펜바키아
Dieffenbachia seguine

'디펜바키아_Dieffenbachia'는 1800년대 비엔나의 정원사인 Joseph Dieffenbach의 이름에서 유래하였으며, 식물의 유액을 먹게 되면 잠시 언어장애가 생기기도 하여 'dumb cane'이라는 이름으로 부르기도 한다.

 **천남성과**
Araceae

영명
dieffenbachia, giant dumbcane

 **다른이름**
마리안느

잎의 가장자리는 선명한 녹색이지만 그 외의 부분은 노랑에 가까운 밝은 녹색으로 잎이 매우 부드럽다. 잎이 달린 줄기 상태로 잘라 유통되는 경우가 많으며, 줄기에서 나오는 유액에는 독성이 있어 약간의 '알레르기_allergy'를 유발하기도 한다. 예전에는 부케를 장식하는 절엽으로 많이 사용하였으나 최근에는 분화류 외 절엽 용도로의 유통이 점차 줄어들고 있다.

 15~30 cm

 5~7 days

 2 stems

디펜바키아 아모에나
Dieffenbachia amoena

천남성과
Araceae

영명
dumbcane

다른이름

잎의 크기가 크고 형태가 긴 타원형이 뚜렷하다. 잎의 색은 녹색과 노랑이 섞여서 분포되며, 잎에 약간의 독성이 있다. 잎자루가 붙은 상태로 유통되는 경우가 많으며, 유통되는 양이 매우 적다.

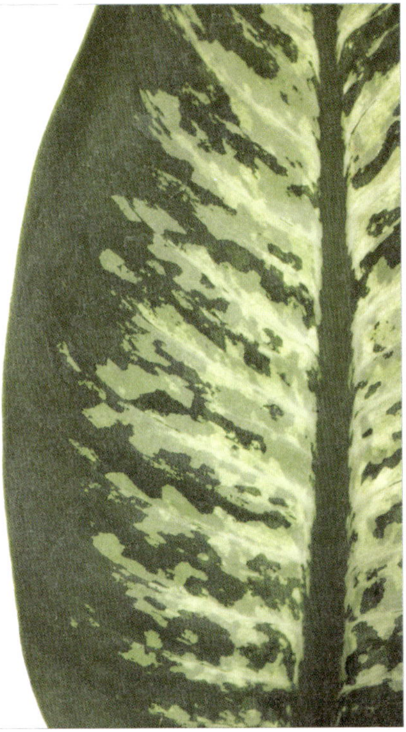

30~50 cm

7~10 days

1 stem

163 몬스테라
Monstera deliciosa

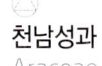
천남성과
Araceae

영명
monstera, split leaf philodendron

다른이름
봉래초

둥근 잎의 안쪽은 중심 맥을 따라 구멍이 있다. 그러나 작은 크기의 몬스테라는 스킨답서스의 잎과 거의 구별되지 않을 정도로 형태가 비슷하고 중심에 구멍도 없다. 수명이 비교적 길지만 잎자루가 쉽게 부패되므로 물을 깨끗하게 유지하도록 한다. 예전에는 큰 사이즈가 화환 용도로 많이 유통되었으나 최근에는 인조화로 대체되어 큰 사이즈의 경우 거의 유통되지 않고 있다.

15~50 cm

5~7 days

10 stems

스파티필룸
Spathiphyllum wallisii

 **천남성과**
Araceae

영명
peace lily, white sails, spathe flower

 다른이름
스파시필름(잘못 부르는 이름)

막대처럼 생긴 '육수화서'를 흰색의 '포'가 감싸고 있어 형태가 매우 독특하다. 대부분 꽃과 약간의 잎이 함께 묶어져 유통되고 있으며 잎은 쉽게 시드는 편이다. 3~4월의 봄철에 많이 유통되며, 분화로서의 상품성이 떨어지거나 공급과잉일 경우 절엽 상태로 유통된다. 절화시장에서는 보통 두 송이의 꽃이 포함된 3대 정도가 한 단으로 묶여 판매된다.

 15~50 cm

 4~7 days

 2~3 stems

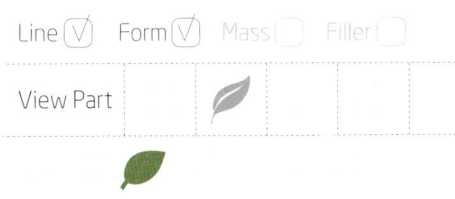

165 안스리움
Anthurium spp.

 **천남성과**
Araceae

 **영명**
anthurium, flamingo flower

 **다른이름**
홍학꽃, 플라밍고 플라워

안스리움은 꽃이 매우 사랑받고 있는 식물이지만 최근에는 독특한 형태 때문에 잎의 사용 역시 늘어나고 있다. 절화시장에서는 꽃 없이 잎만을 포장하여 판매하고 있는데 꽃에 비해 관상가치가 결코 뒤지지 않는다. 꽃은 한 대씩 포 부분을 OPP로 포장하여 유통되고 있지만 잎은 약간의 뿌리가 남아 있는 상태 그대로 포장 판매 된다.

30~50 cm

7~14 days

1 bunch

알로카시아 아마조니카
Alocasia amazonica

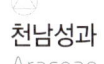
천남성과
Araceae

영명
elephant's ear plant, African mask plant

다른이름
아프리칸 마스크

잎의 형태가 아프리카의 토속 마스크처럼 보이기도 하고 코끼리의 귀처럼 보이기도 하여 'Elephant's ear plant', 'African mask plant'로 부르기도 한다. 우리나라에서는 화분용으로 유통되는 경우가 대부분이지만 간혹 잘라진 절엽으로 유통되기도 한다. 줄기가 부드러워 물에 쉽게 무르기 때문에 물을 자주 교체해주는 것이 좋다.

40~60 cm

4~7 days

1~3 stems

167 필로덴드론 셀로움
Philodendron bipinnatifidum
(Syn.: *Philodendron selloum*)

천남성과
Araceae

영명
lacy tree philodendron

다른이름
셀로움, 셀렘(잘못 부르는 이름)

잎은 크고 가장자리에 물결처럼 깊게 갈라져 있다. 몬스테라와 성격이 비슷한 편이다. 소비성이 비교적 낮아 점차 유통이나 생산량이 줄어들고 있으며, 수명이 다할 경우 잎이 안쪽으로 말리거나 늘어진다.

10~50 cm

5~7 days

10 stems

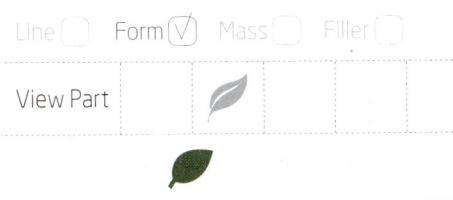

필로덴드론 자나두
Philodendron xanadu

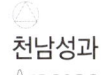 **천남성과**
Araceae

 영명
philodendron

다른이름
필로덴드론 재나두, 신종셀렘(잘못 부르는 이름)

시중에서 '신종셀렘'이라는 이름으로 더 잘 알려져 있으나 잘못된 표기이다. 잎은 매우 진한 녹색이며, '필로덴드론 셀로움'에 비해 크기가 매우 작다. 줄기에서 약간 독특한 향기가 있으며, 줄기의 라인이 아름다워 꽃꽂이용으로 사용이 많다.

30~50 cm

7~10 days

10 stems

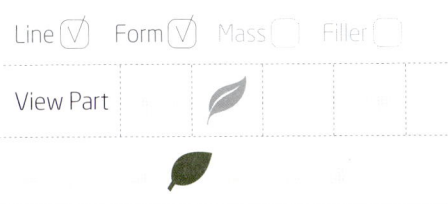

청미래덩굴
Smilax china

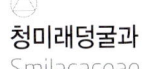
청미래덩굴과
Smilacaceae

영명
wild smilax, green brier

다른이름
망개나무, 명감, 청열매덤불

청미래 덩굴은 열매가 달린 긴 덩굴성 줄기 상태로 유통되며. 열매는 녹색으로 달려 붉게 익는데, 녹색일 때와 붉은색일 때 모두 유통된다. 녹색의 열매 상태에서는 열매가 쉽게 떨어지지만(3~7일 유지) 붉게 익은 후(14~30일 유지)에는 열매가 잘 떨어지지 않으며, 건조하여 사용 할 수도 있다. 절화시장에서는 '청미래덩굴'이라는 이름은 잘 사용하지 않고 '망개'라는 이름으로 유통되고 있다.

60~100 cm

3~7 days

3~5 stems

170 스쿠아로사 화백
Chamaecyparis pisifera 'Squarrosa Dumosa'

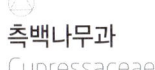
측백나무과
Cupressaceae

영명
sawara cypress

다른이름
비단향나무, 비단삼나무

'비단향'이라는 이름으로 더 익숙한 식물로 겨울에 유통되는 경우가 많으며, 잎은 가늘고 뾰족해서 거친 것처럼 느껴지지만 실제로 만지면 부드러운 질감을 가지고 있다. 수요에 비해 공급이 매우 적다. 냉해에 매우 강하고 잎의 뒷면은 약간 은회색 빛을 띠고 있어 앞과 뒤의 색이 다소 다르다.

30~50 cm

14~21 days

1 bunch

171 카이즈카향나무
Juniperus chinensis var. *kaizuka*

측백나무과
Cupressaceae

영명
Chinese juniper

다른이름
나사백

나선형으로 돌며 자라기 때문에 '나사백'이라 부르기도 하는데, 잎이 한쪽 방향으로 자란다. 수명이 길고 물 관리도 어렵지 않다. 겨울철 리스를 만드는 용도로 많이 사용하기 때문에 겨울철의 유통이 많고 물이 없는 상태에서도 오랫동안 수명을 유지할 수 있으며, 냉해에 강하다. 나무줄기가 두껍고 잎이 많이 달려 무게가 무거우므로 다른 소재에 비해 전체가 매우 무겁다.

50~100 cm

21~30 days

1 bunch

Line ☐ Form ☐ Mass ✓ Filler ✓
View Part

편백
Chamaecyparis obtusa

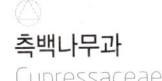
촉백나무과
Cupressaceae

영명
Japanese cypress, hinoki cypress, hinoki

다른이름
노송나무

잎에서 독특한 향이 나며, 수명이 매우 길어 물에 담그지 않고도 냉장보관하면 오랫동안 신선도를 유지할 수 있다. 편백의 잎은 피부에 약간의 알레르기(allergy)를 유발하기도 한다. 절엽이나 절지류 중에 가장 저렴한 소재에 속한다. 편백은 가지를 잘라주어야 수형이 아름답게 자라는 나무이므로 잘라진 것들이 저렴하게 유통되는 경우가 많다. 5년 이하의 나무는 잎의 색이 아름답고 그 이상의 경우 잎의 색이 다소 탁하게 변한다.

30~50 cm

14~30 days

1 bunch

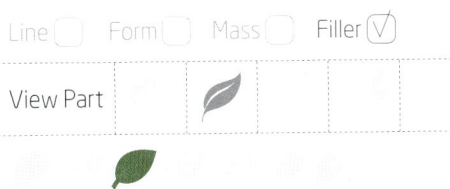

황금 둥근측백
Thuja occidentalis 'Aurea Nana'

측백나무과
Cupressaceae

영명
white cedar, oriental thuja

다른이름
황금측백

편백과는 다르게 잎이 면을 이루며 달린다. 녹색의 잎은 끝부분을 중심으로 황금색에 가까운 밝은 녹색을 띠고 있어 색감이 매우 아름답다. 물관리가 쉽고 물에 담그지 않은 상태로 냉장보관해도 신선도 유지가 가능하다. 100~120cm 정도로 매우 긴 길이와 30cm 내외의 짧은 크기 두 가지로 유통되고 있다.

174 산수유
Cornus officinalis

층층나무과
Cornaceae

영명
Japanese cornel

다른이름
산시유나무, 석조, 촉산조, 육조

이른 봄에 피는 노란색의 꽃이 매우 인상적인 나무로 수피는 껍질이 벗겨지면서 거칠지만 줄기의 자라는 곡선이 매우 아름답다. 1월 첫째 주부터 유통되는 대표적 봄꽃으로 1월에는 잘른 후 하우스에서 강제로 개화를 유도하여 유통한다. 9~10월경에는 소량이기는 하지만 열매가 달린 상태로 유통되기도 한다.

Line ✓   Form ☐   Mass ☐   Filler ☐

View Part

80~120 cm

7~14 days

2~3 stems

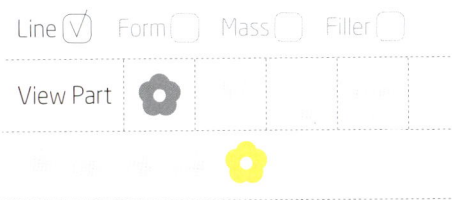

175 층층나무
Cornus controversa

층층나무과
Cornaceae

영명
giant dogwood

다른이름
말채나무, 물깨금나무

줄기에 가지가 달리는 형태가 층을 이루고 있어 매우 독특하고, 수피는 약간 붉은빛이 도는 갈색이다.
이른 봄철에는 하우스에서 잎을 돋게 하여 유통하고 있으며, 수명이 비교적 긴 절지이다.

80~100 cm

14~21 days

3~5 stems

176 노랑말채나무
Cornus sericea
(Syn.: *Cornus stolonifera*)

층층나무과
Cornaceae

영명
dogwood

다른이름

예로부터 말의 채찍으로 사용하였다 하여 '말채나무'라는 이름이 유래되었다. 그러나 '말채나무'라고 부르면 큰 교목을 이야기하는 것이며, 절화시장에서 주로 사용되는 관목을 지칭할 때는 '노랑말채나무', '흰말채나무' 등의 제대로 된 이름으로 부르는 것이 옳다. 줄기는 붉은 것과 녹색을 띠는 것이 있는데, 날씨 등의 환경이나 종에 따라 노란색에 가까운 것과 녹색에 가까운 것이 유통되고 있다.

80~120 cm

10~21 days

7~8 stems

177 흰말채나무
Cornus alba

충층나무과
Cornaceae

영명
tartariand dogwood, tatarian dogwood

다른이름
붉은말채, 아라사말채나무,
적말채(시장 유통명)

꽃이 흰색으로 피기 때문에 '흰말채나무'라 부르지만 줄기는 선명한 붉은색을 띤다. 줄기가 곧고 아름다워 다양한 용도로 사용되고 있으며, 거의 연중 유통된다. 여름철에 줄기의 색이 녹색이다가 10월부터 붉게 변하여 약 10월 말에는 자주빛에 가깝게 변한다. 흰말채나무는 여름철에 비해 가을과 겨울철에 약 일주일 정도 수명이 길게 유지되고 줄기의 탄성이 좋아 잘 휘어져 다양한 용도로 사용할 수 있다. 2~3월경에는 노지의 것을 잘라 하우스에서 잎을 돋게 한 후 절지로 유통하기도 한다. 줄기가 녹색인 것은 노랑말채나무이다.

80~100 cm

10~21 days

7~8 stems

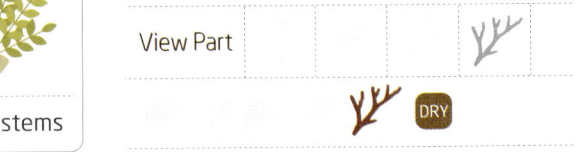

은엽아카시아
Acacia baileyana

콩과
Fabaceae

영명
cootamundra wattle

다른이름

은회색의 작고 섬세한 잎과 노란색의 보송보송한 질감의 꽃이 모두 아름답다. 꽃이 달린 상태 외에도 잎만 있는 상태로도 유통된다. 우리나라에서 유통되는 것의 90% 정도가 제주도에서 생산되며, 노란색의 꽃이 있는 상태와 잎만 있는 상태로 분류하여 유통되고 있다. 꽃이 있는 상태는 보통 4~5월 유통되며 그 외의 시기에는 잎만 있는 상태로 유통된다. 제주도에서 출하된 것과 내륙에서 출하된 것의 품질 차이가 매우 확연하며 제주도에서 생산된 것이 월등하게 좋다. 보통 삼일 정도 지나면 잎이 떨어지기 시작한다.

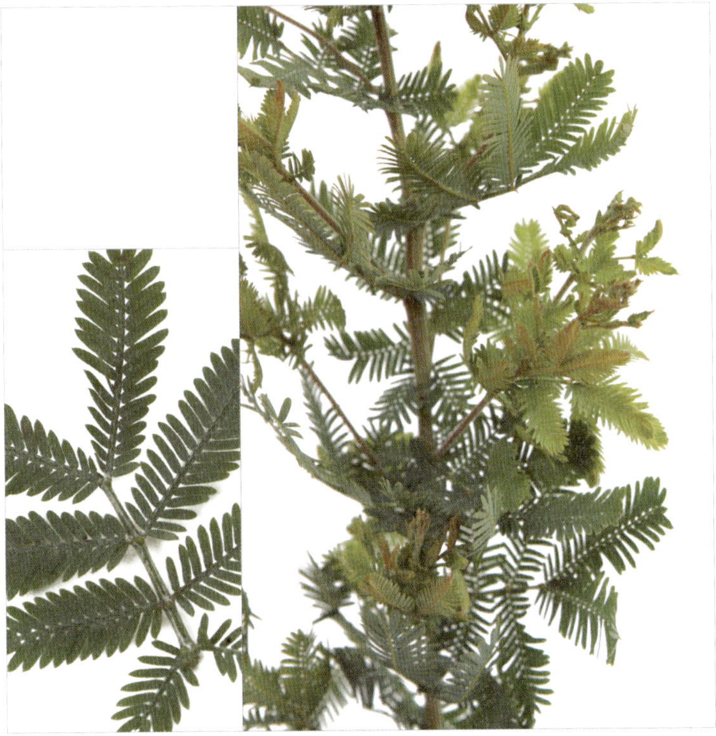

60~80 cm

3~5 days

1 bunch

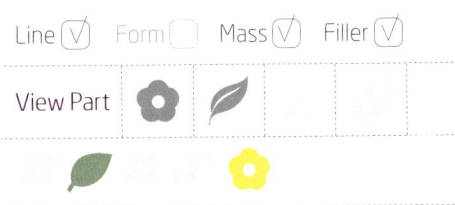

편두
Lablab purpureus

콩과
Fabaceae

영명
hyacinth bean, indian bean

다른이름
까치콩, 나물콩, 제비콩, 변두, 석화콩

건조되어도 형태가 유지되며, 대부분 콩을 수확한 후 꽃꽂이용으로 시중에 유통된다. 건조된 후에는 거의 반영구적으로 사용할 수 있는데, 절화시장에서 '석화버들'이라 부르는 식물과 자루 형태가 비슷하여 '석화콩'이라 부르기도 한다. 최근에는 유통되는 양이 점차 줄어들고 있다.

40~50 cm

21 days over

2~3 stems

수염틸란드시아
Tillandsia usneoides

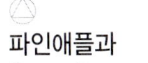 **파인애플과**
Bromeliaceae

 영명
air plant, spanish moss

다른이름
틸란드시아 우스네오이데스, 공기란

틸란드시아류 중에서 전체의 형태가 마치 긴 수염이나 뿌리처럼 아래로 늘어지며 자라 수염틸란드시아라 부른다. 공기 중에 노출된 상태로 살아가기 때문에 특별히 물에 담아 보관할 필요는 없지만 습도가 약간 높은 장소에 보관하는 것이 좋다. 건조된 후에도 형태 변화는 크지 않으며, 색상이나 형태가 독특하여 독창적인 디자인에 활용하는 경우가 많다.

60~120 cm

30 days over

1 bunch

181 파인애플
Ananas comosus
(Syn. : *Ananas sativus*)

 파인애플과
Bromeliaceae

 영명
red pineapple, ornamental pineapple

 다른이름
미니 파인애플

파인애플은 흔히 식용을 목적으로 수입하지만 간혹 관상을 목적으로 작은 사이즈의 파인애플이 수입되어 절화시장에 유통되기도 한다. 열대지방에서 자라는 식물이기 때문에 잎이 두껍고 광택이 있어 수명이 길고 형태 변화도 적은 편이다.

40~60 cm

14~21 days

1 stem

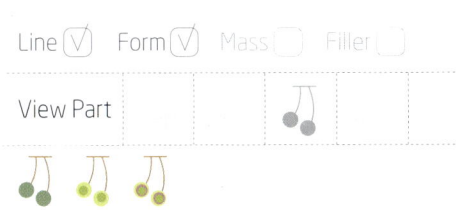

*잎 컬러, 열매 컬러 지정 다시 해주세요.

삼지닥나무
Edgeworthia papyrifera

팥꽃나무과
Thymelaeaceae

영명
oriental paperbush

다른이름
삼아나무, 황서향나무, 매듭삼지나무

나무의 가지가 세 개로 갈라지며 자라 세 개로 갈라지는 가지라는 의미의 '삼지'가 붙은 닥나무 종류이다. 수피를 벗기고 탈색시킨 후 건조되어 시중에 유통되기 때문에 실제의 나무와는 좀 다르게 보인다. 흰색으로 표백된 후 염색되는 염료에 따라 빨강에서 검정에 이르기 까지 매우 다양한 색상이 판매된다. 그러나 최근에는 국내에서 작업하지 않고 전량 중국에서 수입해 유통되어 상당한 품질저하가 나타나는 절지 품목이다.

80~120 cm

30 days over

2~3 stems

우산고사리
Gleichenia dicarpa

풀고사리과	영명	다른이름
Gleicheniaceae	sea star fern, coral fern	코랄펀

줄기의 끝에서 작은 가지가 반복적으로 갈라지고 가는 잎들이 붙어 전체의 형태는 마치 우산 반쪽을 펼쳐둔 것처럼 보이기도 한다. 채취 시기가 오래되지 않은 것은 잎이 선명한 녹색을 띠지만 건조되면서 황갈색으로 변하는데, 건조된 후에도 형태 변화가 거의 없는 식물이다. 우리나라에서는 대부분 수입을 통해 유통되고 있는 식물이다.

30~50 cm

4~7 days

3~5 stems

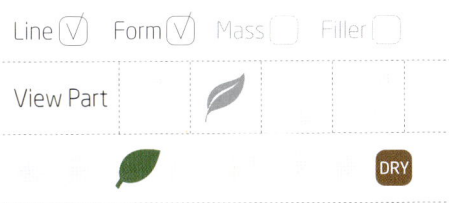

실버 류카덴드론
Leucadendron argenteum

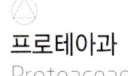
프로테아과
Proteaceae

영명
silver tree, silver leaf tree

다른이름
실버트리, 아르젠테움 류카덴드론

'류카덴드론_Leucadendron 속' 식물이지만 잎 전체가 은회색 털로 덮여 있어 매우 독특하게 보인다. 그러나 프로테아과 식물들의 경우 대부분 잎에 광택이 있고 두꺼워 장시간 신선도를 유지할 수 있는데 비해 실버 류카덴드론은 쉽게 탈수 현상을 겪는다. 잎에 탄성이 떨어지고 선명한 은회색 빛이 사라지고 있다면 신선도가 떨어지고 있다는 신호로 볼 수 있다.

40~60 cm

4~7 days

1 stem

185 러브체인
Ceropegia woodii

협죽도과
Apocynaceae

영명
string of hearts

다른이름
세로페기아

하트 형태의 잎이 체인처럼 줄기에 달리며 잎은 다육질이다. 대부분 분화용으로 사용되지만 간혹 꽃꽂이용으로 유통되기도 한다. 별도로 물에 담그지 않아도 되며, 시원한 곳에 두면 장시간 신선도를 유지할 수 있다.

50~120 cm

14~21 days

1 bunch

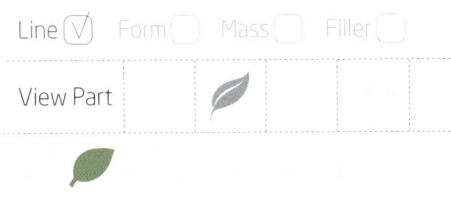

186 협죽도
Nerium oleander

유도화는 꽃의 생김새가 마치
복숭화의 꽃과 닮았다 하여
붙여진 이름이다.

협죽도과
Apocynaceae

영명
oleander, rosebay

다른이름
유도화, 만첩협죽도

잎은 가늘고 길며, 꽃이 매우 화려한 식물이다. 꽃은 줄기의 끝에서 모여 피는데, 한꺼번에 피지 않고 순차적으로 피어 꽤 오랫동안 개화가 지속된다. 독성이 강한 식물이기 때문에 잘 사용하지 않았으나 최근에는 절화용으로 유통되는 양이 부쩍 늘고 있다. 그러나 절화용으로 채화된 후에는 꽃이 잘 피지 않으므로 되도록 충분히 개화된 것을 구입하는 것이 좋다.

30~50 cm

7~14 days

1 bunch

이름으로 찾아보기

가마귀쪽나무_24
가새목_157
간남_54
갈락스 잎_37
강냉이_73
강아지풀_69
개꼬리풀_69
개꽃나무_155
개나리_53
개쉬땅나무_137
개운죽_112
갤럭스 잎_37
갤럭시_37
갯머위_13
갯버들_62
겹설유화_143
겹조팝나무_143
고고채_93
고광나무_88
고랑_71
고량_71
고수버들_65
고환나무_60
곱슬버들_65
곳드세피아_109
공기란_180
공작야자_119
공조팝나무_144
광나무_54
교양목_14
구롬비나무_24
구문초_151
구미초_69
굴거리_14
굴거리나무_14
그래스트리_130
글로리아 아스파라거스_103
금사철나무_20
금식나무_1

금테무늬 사철나무_20
금테사철나무_20
기장_70
까마귀쪽나무_24
까치밥_21
까치콩_179
꼬리조팝나무_145
꽃가지_4
꽃고추_5
꽃양배추_91
꽈리_2
나물콩_179
나사백_171
낙산홍_7
낙엽송_84
남정실_57
남천_47
남천죽(南天竹)_47
남천촉(南天燭)_47
너도밤나무_158
넙적나무_1
네오마리카_79
네프롤레피스_31
노란꽃 자스민_56
노랑말채나무_176
노랑혹가지_3
노무라_10
노박덩굴_21
노방덩굴_21
노송나무_172
능수버들_63
다닥냉이_92
다래나무_26
다래너출_26
다래덩굴_26
다정큼나무_131
단수수_71
담장나무_38
담팔수_27
당종려_120
대곡도_15
대만남천죽_48
더스티 밀러_11
도시루_120
독행채_92
돈나무(피토스포룸)_35
돌참나무_159

동백_156
동백나무_156
동청(冬靑)_54
드라세나 고드세피아나_109
드라세나 레인보우_110
드라세나 리플렉사_111
드라세나 산데리아나_112
드라세나 송오브인디아_111
드라세나 와네키_113
등롱초_2
등리_26
디펜바키아 아모에나_162
디펜바키아_161
똥닝_35
뜰동백나무_156
라일락_52
라티폴리움_74
램스이어_17
러브체인_185
러스커스_96
레드에지_116
레몬잎_152
레인보우_110
레자황_10
렉스베고니아_68
로즈마리_18
로즈메리_18
로즈제라늄_151
루나리아_94
루모라고사리_10
루스쿠스_96
마가목_132
마디초_87
마리안느_161
만년청_112
만병초_14
만첩옥매_140
만첩조팝나무_143
만첩협죽도_186
말곰취_13
말냉이_93
말채나무_175
망개나무_169
매듭삼지나무_182
맥_72
맥문아재비_98
먼나무_6

멋나무_6
메리 아스파라거스_101
멕시코소철_85
멘네_118
면화_118
명감_169
명자꽃_136
명자나무_136
목단_16
목서_55
목자_26
목통_124
목화_118
몬스테라_163
묘아자나무_8
무늬 석창포_160
무늬 수검초_160
무늬둥굴레_99
무늬버들_66
무늬캐키버들_66
무치러기나무_157
물깨금나무_175
물오리나무_129
미국낙상홍_7
미국자리공_128
미니 파인애플_181
미리오_102
미리오클라두스_102
미영_118
밍크버들_61
반엽둥굴레_99
배나무_133
백목련_50
백묘국_11
백학선_107
버드나무_61
버들_61
베고니아 마소니아나_68
베어그라스_49
변두_179
변엽목_29
병솔꽃나무_32
병솔나무_32
보리_72
보리사초_74
보스톤고사리_31
복사꽃_134

복사나무_134
복숭아나무_134
봉래초_163
봉숭아꽃_134
부들_77
북향화_50
붉은말채_177
붉은순나무_148
비단삼나무_170
비단향나무_170
비아_135
비자나무_150
비파나무_135
비파낭_135
빙하_28
뿔남천_48
사꾸라_141
사스레피나무_157
산당화_136
산동백_25
산두영_27
산세베리아_114
산세비에리아_114
산수유_174
산시유나무_174
산호수_126
살라스_152
삼나무_19
삼목_19
삼색캐키버들_66
삼아나무_182
삼지닥나무_182
색동호박_59
생강나무_25
생강초_28
서(黍)_70
서양수수꽃다리_52
석명_93
석송_82
석위_9
석조_174
석화류_64
석화버들_64
석화콩_179
설국_11
설악초_28
설유화_142

섬담쟁이_38
세네시오_11
세로페지아_185
세푸랑나무_157
셀렘_167
셀로움_167
소나무_83
소철_86
속새_87
솔_83
솔나무_83
송악_38
쇠영꽃나무_88
수란_50
수레둥굴레_108
수류_63
수양버들_63
수염틸란드시아_180
쉐플레라 홍콩_39
쉬땅나무_137
스노베리_125
스마일락스 루스쿠스_97
스마일락스 아스파라거스_100
스마일락스_100
스모그 트리_123
스쿠아로사 화백_170
스키すき(일본식 이름)_19
스토에베_12
스틸그라스_130
스틸그래스_130
스파시필룸_164
스파티필룸_164
스프렌게리_105
시계초덩굴_90
신갈나무_159
신깔나무_159
신리화_53
신종셀렘_168
신지매_137
실버 류카덴드론_184
실버트리_184
심포리카르포스_125
아가씨나무_136
아귀나무_25
아누아 루나리아_94
아라사말채나무_177
아레카야자_121

아르젠테움 류카덴드론_184
아스파라거스 메리이_101
아스파라거스 미리오클라투스_102
아스파라거스 비르가투스_103
아스파라거스 세타세우스_104
아스파라거스 스프렌게리_105
아스플레니움_15
아스피디스트라_106
아이비_40
아잘레아_153
아주까리_30
아프리칸 마스크_166
안개나무_123
안스리움_165
알로카시아 아마조니카_166
애기석송_82
앵도나무_138
앵두나무_138
양목란_51
양옥란_51
양의 귀_17
어사리_53
얼룩식나무_1
에쿼시툼_87
엘레간 야자_122
엘레기아_43
여우 가지_3
여우 얼굴_3
여정목(女貞木)_54
연밥_89
연산홍_153
엽란_106
엽목단_91
오가피_41
오갈피_41
오갈피나무_41
오리나무_129
오리목_129
오이풀_139
옥란_50
옥매_140
옥비녀꽃_107
옥수_50
옥수수_73
옥시기_73
옥잠화 잎_107
와네끼_113

완초_80
왕골_80
왕벚나무_141
왕벚나무_141
용버들_65
우산고사리_183
월도_16
유까리_33
유니폴라_74
유도화_186
유채_95
유칼립투스_33
육조_174
으름_124
으름덩굴_124
은목서_55
은빛마가목_132
은엽아카시아_178
이탈리아 돈나무_36
이탈리아 자스민_56
이탈리안 루스쿠스_97
이탈리안 피토스포룸_36
인디언 그래스_49
인시그니스_45
일본배_133
일본잎갈나무_84
일엽_9
잉글리쉬 아이비_40
잎모란_91
잎베고니아_68
잎새란_149
자금우_127
자메이카 소철_85
작은자주_46
장녹수_128
장록_128
적말채_177
적송_83
정금나무_154
제비란_79
제비콩_179
조_75
조가리나무_154
조선당귀_81
조유_62
조팝나무_142
좀작살나무_46

좁쌀_75
쥐똥나무_57
지길자_127
지유_139
지포나무_154
진주매_137
찔레꽃나무_146
찔레나무_146
참당귀_81
참빗나무_23
참조팝나무_144
참철쭉_155
창본_160
창초_160
천냥금_127
천년죽_115
천리향_35
철수_86
철쭉_155
청대동_14
청미래덩굴_169
청열매덤불_169
청지목_157
초면_118
촉산조_174
촉서_71
춘화목_131
층층나무_175
층층둥굴레_108
층층사철나무_22
치자나무_16
칠리향_35
카리요타_119
카이즈카향나무_171
카펜시스_43
칼라데아 란시폴리아_45
칼라데아 마코야나_44
칼리스테몬_32
코랄펀_183
코르딜리네 레드에지_116
코르딜리네 엑소티카_117
코르딜리네 프루티코사 엑소티카_117
코르딜리네_115
쿠페아_78
크로톤_29
큰목련꽃_51
큰벚꽃나무_141

탑사철나무_22
태산목_51
털머위_13
테이블야자_122
트리칼라_110
틸란드시아 우스네오이데스_180
파니쿰_76
파인애플_181
파초일엽_15
팔각금반_42
팔손이_42
패니쿰_76
패션플라워_90
패장초_93
페이요아_34
편두_179
편백_172
페이조아_34
포이화분_77
포초황_77
풍미초_86
풍선박주가리_60
풍선버들_60
풍선초_60
플라밍고 플라워_165
플렉스_149
플루모서스 아스파라거스_104
피라칸다_147
피라칸서스_147
피라칸타_147
피마자_30
피조아_34
피화초_86
필로덴드론 셀로움_167
필로덴드론 자나두_168
필로덴드론 재나두_168
하늘고추_5
하쿠로니시 버들_66
해동_35
해동피_35
향포_77
헤데라_40
헤우케라_67
협죽도_186
호랑가시나무_8
호랑이가시나무_8
호무_95

호무우_95
호박화초가지_4
호엽란_98
훗잎나무_23
홍가시_148
홍가시나무_148
홍고랑_2
홍죽_115
홍콩야자_39
홍학꽃_165
홀조팝나무_142
화살깃 파초_44
화살나무_23
화초고추_5
화초토마토_4
화초호박_59
황금 둥근측백_173
황금무늬 왕쥐똥나무_58
황금사철나무_20
황금쥐똥나무_58
황금측백_173
황배목_25
황서향나무_182
황야자_121
황정_108
훼이요아_34
휘체라_67
흰가지꽃나무_50
흰말채나무_177

학명으로 찾아보기

Acacia baileyana_ 178
Acca sellowiana_ 34
Acorus gramineus 'Variegatus'_ 160
Actinidia arguta_ 26
Akebia quinata_ 124
Alnus incana var. sibirica_ 129
Alocasia amazonica_ 166
Ananas comosus_ 181
Angelica gigas_ 81
Anthurium spp._ 165
Ardisia japonica_ 127
Ardisia pusilla_ 126
Asclepias physocarpa_ 60
Asparagus aethiopicus 'Sprengeri'_ 105
Asparagus aethiopicus 'Meyeri'_ 101
Asparagus aethiopicus 'myriocladus'_ 102
Asparagus asparagoides_ 100
Asparagus setaceus_ 104
Asparagus virgatus_ 103
Aspidistra elatior_ 106
Asplenium antiquum_ 15
Aucuba japonica for. variegata_ 1
Begonia masoniana_ 68
Brassica napus_ 95
Brassica oleracea_ 91
Calathea lancifolia_ 45
Calathea makoyana_ 44
Callicarpa dichotoma_ 46
Callistemon citrinus_ 32
Camellia japonica_ 156
Capsicum annuum_ 5
Caryota urens_ 119
Celastrus orbiculatus_ 21
Ceropegia woodii_ 185
Chaenomeles lagenaria_ 136
Chamaecyparis obtusa_ 172
Chamaecyparis pisifera 'Squarrosa Dumosa'_ 170
Chamaedorea elegans_ 122
Chasmanthium latifolium_ 74
Codiaeum variegatum_ 29
Cordyline fruticosa ' Exotica'_ 117

Cordyline fruticosa 'Red Edge'_ 116
Cordyline terminalis 'Aichiaka'_ 115
Cornus alba_ 177
Cornus controversa_ 175
Cornus officinalis_ 174
Cornus sericea_ 176
Cotinus coggygria_ 123
Cryptomeria japonica_ 19
Cucurbita pepo_ 59
Cuphea hyssopifolia_ 78
Cycas revoluta_ 86
Cyperus exaltatus_ 80
Daphniphyllum macropodum_ 14
Dieffenbachia amoena_ 162
Dieffenbachia seguine_ 161
Dracaena concinna 'Tricolor Rainbow'_ 110
Dracaena deremensis 'Warneckeii'_ 113
Dracaena reflexa 'Variegata'_ 111
Dracaena sanderiana_ 112
Dracaena surculosa_ 109
Dypsis lutescens_ 121
Edgeworthia papyrifera_ 182
Elaeocarpus sylvestris var. ellipticus_ 27
Elegia capensis_ 43
Eleutherococcus sessiliflorus_ 41
Equisetum hyemale_ 87
Eriobotrya japonica_ 135
Eucalyptus spp._ 33
Euonymus alatus_ 23
Euonymus japonica for. aureo-marginata_ 20
Euonymus japonicus 'Green Spire'_ 22
Euphorbia marginata_ 28
Eurya japonica_ 157
Fagus engleriana_ 158
Farfugium japonicum_ 13
Fatsia japonica_ 42
Forsythia koreana_ 53
Galax urceolata_ 37
Gardenia jasminoides for. grandiflora_ 16
Gaultheria shallon_ 152
Gleichenia dicarpa_ 183
Gossypium indicum_ 118
Hedera helix_ 40
Hedera rhombea_ 38
Heuchera americana_ 67
Hordeum vulgare var. hexastichon_ 72
Hosta spp._ 107
Ilex cornuta_ 8
Ilex rotunda_ 6

Ilex verticillata_ 7
Jacobaea maritima_ 11
Jasminum humile_ 56
Juniperus chinensis var. kaizuka_ 171
Lablab purpureus_ 179
Larix kaempferi_ 84
Lepidium apetalum_ 92
Leucadendron argenteum_ 184
Ligustrum japonicum var. japonicum_ 54
Ligustrum ovalifolium var. variegatum_ 58
Lindera obtusiloba_ 25
Litsea japonica_ 24
Lunarea annua_ 94
Lycopodium clavatum_ 82
Magnolia denudata_ 50
Magnolia grandiflora_ 51
Mahonia japonica_ 48
Monstera deliciosa_ 163
Nandina domestica_ 47
Nelumbo nucifera_ 89
Neomarica northiana_ 79
Nephrolepis exaltata_ 31
Nerium oleander_ 186
Ophiopogon jaburan_ 98
Osmanthus fragrans_ 55
Panicum 'Fountain'_ 76
Panicum miliaceum_ 70
Passiflora spp._ 90
Pelargonium capitatum_ 151
Philadelphus schrenkii var. schrenkii_ 88
Philodendron bipinnatifidum_ 167
Philodendron xanadu_ 168
Phormium 'Variegatum'_ 149
Photinia glabra_ 148
Physalis alkekengi_ 2
Phytolacca americana_ 128
Pinus densiflora_ 83
Pittosporum tenuifolium 'Abbotsbury Gold'_ 36
Pittosporum tobira_ 35
Pittosporum tobira_ 57
Polygonatum odoratum for. variegatum_ 99
Polygonatum stenophyllum_ 108
Prunus glandulosa for. albiplena_ 140
Prunus persica_ 134
Prunus tomentosa_ 138
Prunus yedoensis_ 141
Pyracantha angustifolia_ 147
Pyrrosia lingua_ 9
Pyrus pyrifolia var. culta_ 133

Quercus mongolica_ 159
Raphiolepis indica var. umbellata_ 131
Rhododendron indicum_ 153
Rhododendron schlippenbachii_ 155
Ricinus communis_ 30
Rosa multiflora_ 146
Rosmarinus officinalis_ 18
Rumohra adiantiformis_ 10
Ruscus hypoglossum_ 96, 97
Salix gracilistyla_ 62
Salix integra_ 66
Salix matsudana_ 65
Salix pseudolasiogyne_ 63
Salix udensis 'Sekka'_ 64
Salix_ 61
sanguisorba officinalis_ 139
Sansevieria spp._ 114
Schefflera arboricola 'Hong Kong'_ 39
Setaria italica_ 75
Setaria viridis_ 69
Smilax china_ 169
Solanum aethiopicum_ 4
Solanum mammosum_ 3
Sorbaria sorbifolia_ 137
Sorbus commixta_ 132
Sorghum bicolor var. dulciusculum_ 71
Spathiphyllum wallisii_ 164
Spiraea cantoniensis_ 144
Spiraea prunifolia for. simpliciflora_ 142
Spiraea prunifolia_ 143
Spiraea salicifolia_ 145
Stachys byzantina_ 17
Stoebe plumosa_ 12
Symphoricarpos albus_ 125
Syringa vulgaris_ 52
Thlaspi arvense_ 93
Tillandsia usneoides_ 180
Torreya nucifera_ 150
Trachycarpus fortunei 'Wagnerianus'_ 120
Typha orientalis_ 77
Vaccinium oldhamii_ 154
Thuja occidentalis 'Aurea Nana'_ 173
Xanthorrhoea johnsonii_ 130
Xerophyllum tenax_ 49
Zamia furfuracea_ 85
Zea mays_ 73

영명으로 찾아보기

'hakuro-nishike' willow_66
African mask plant_166
air plant_180
alumroot_67
angular solomon's seal_99
angustifolius firethorn_147
anthurium_165
apostle plant_79
appleberry_137
asian pear_133
azalea_153
baby rose_146
ballon plant_60
barely_72
barroom plant_106
bear grass_49
beetleweed_37
bird's-nest fern_15
bladder cherry_2
blue-crown flower_90
border privet_57
boston fern_31
bridal creeper_100
bridal wreath flowers_142
brook alder_7
broom reed_43
bull bay_51
burning bush_23
butterfly palm_121
camellia_156
cape jasmine_16
capsicum pepper_5
cardboard palm_85
cast iron plant_106
castor oil plant_30
cathedral windows_44
cat-tail_77
cauliflower_91
chili peppe_5
Chinese bus_138
Chinese holly_8
Chinese juniper_171

Chinese lantern_2
Chinese millet_75
Chinese willow_65
chocolate vine_124
club moss_82
cootamundra wattle_178
coral bells_67
coral fern_183
coralberry_126
corn_73
crimson bottlebrush_32
croton_29
cuphea_78
curly willow_65
dappled willow_66
devil's tongue_114
dieffenbachia_161
dogwood_176
domestica_47
double flower bridal wreath_143
draca palm_117
dracaena_109
dragon willow_64
dumbcane_162
dusty miller_11
dwarf flowering cherry_140
dwarf sedge_160
dwarf umbrella tree_39
elephant's ear plant_166
ellipticus_27
ethiopian eggplant_4
eucalyptus_33
eurasian smoke-tree_123
evergreen pine_83
false heather_78
false spiraea_137
fatsi_42
feijoa_34
field penny-cress_93
five-leaf akebia_124
five-leaf aralia_41
fiwa_24
flamingo flower_165
fortune palm_120
fox face_3
foxtail fern_101
foxtail millet_75
foxtail_69
fragrant olive_55
galax_37

garden croton_29
gardenia_16
gaultheria_152
giant dogwood_175
giant dumbcane_161
gigantic angelica_81
gold dust plant_1
gold ibota privet_58
golden cane palm_121
good luck plant_116 117
grass tree_130
great burnet_139
green brier_169
green spire euonymus_22
ground pine_82
guavasteen_34
gum tree_33
hardy kiwi_26
hinoki cypress_172
hinoki_172
hog millet_70
honesty_94
horned holly_8
hyacinth bean_179
ibota privet_57
india hawthorn_131
indian basket grass_49
indian bean_179
indian hawthorn_131
ink plant_128 173 181
Iron cross begonia_68
Italian jasmine_56
Italian pittosporum_36
Italian ruscus_97
ivy_40
jamaica sago tree_85
Japanese aralia_42
Japanese beech_158
Japanese camellia_156
Japanese cedar_19
Japanese cornel_174
Japanese cypress_172
Japanese eurya_157
Japanese fantail willow_64
Japanese felt fern_9
Japanese ivy_38
Japanese larch_84
Japanese medlar_135
Japanese nutmeg-yew_150
Japanese photinia_148

Japanese privet_54
Japanese rowan_132
Japanese rush_160
Japanese spice bush_25
Japanese spindle_20
kale_91
kaya_150
king sago palm_86
kiwi vine_26
Korean forsythia_53
kurogane holly_6
lace fern_104
lacy tree philodendron_167
lamb's ear_17
leatherleaf fern_10
lemon leaf_152
leopard plant_13
lilac_52
lily grass_98
loquat_135
lucky bamboo_112
macropodous daphniphyllum_14
mahonia_48
malaysian dracaena_111
manchurian alder_129
marlberry_126 127
meyeri_101
millet_70
ming fern asparagus_102
mock orange_35 88
mock tomato_4
mongolian oak_159
monstera_163
mountoin ash_132
multiflora rose_146
myers fern_101
nanking cherry_138
narrowleaf firethorn_147
neanthe bella palm_122
Nerium oleander_186
new zealand flax_149
oldham blueberry_154
oriental bittersweet_21
oriental paperbush_182
ornamental quince_136
palm lily_115
panicum grass_76
parlour palm_122
passion flowers_90
peace lily_164

peach_134
peacock plant_44
pear tree_133
peppergrass_92
pepperweed_92
philodendron_168
pineapple guava_34
pipe tree_52
pittosporum_35
plantain lily_107
plumosa fern_104
purple beauty-berry_46
rapaseed_95
rape_95
rattle snake plant_45
red dracaenam_115 116
red leaf palma christi_30
red leaf photinia_148
reeves spiraea_144
rex begonia_68
ribbon dracaena_112
rose geranium_151
rose pelargonium_151
rosegold pussy willow_62
rosemary_18
rotunda holly_6
rough horsetail_87
royal azalea_155
ruscus_96
sacred lotus seedheads_89
sago palm_86
salal_152
sawara cypress_170
scented solomon's seal_108
schefflera_39
scouring rush_87
sea star fern_183
shallon_152
siberian alder_129
silver leaf tree_184
silver ragwort_11
silver tree_184
smilax ruscus_97
smilax_100
smoke on the prairie_28
smoke tree_123
snake plant_114
snow on the mountain_28
snowberry_125
solitary fishtail palm_119

song of india_111
songak_38
sorghum_71
southern magnolia_51
spanish moss_180
spathe flower_164
spear grass_130
spirea_142
split leaf philodendron_163
spotted laurel_1
sprengeri fern_105
steel grass_130
stoebe_12
string of hearts_185
striped dracaena_113
summer squash_59
swan plant_60
sweet osmanthus_55
sword fern_31
tail spirea_145
tartariand dogwood_177
tatarian dogwood_177
tiki fern_103
titty fruit_3
toddy palm_119
tongue fern_9
tree cotton_118
tree fern_103
tricolor rainbow_110
umbrella plant_80
uniola_74
virginia poke_128 173 181
walking iris_79
wandplant_37
wax-leaf privet_54
weeping willow_63
white sails_164
wild camphor_25
wild smilax_169
willow_61
winged spindle tree_23
winterberry_7
woodoats_74
yaburan lilyturf_98
yellow jasmine_56
yoshino cherry_141
yulan magnolia_50